예측 불가능한 시대에
행복하게 사는 법

# 예측 불가능한 시대에
# 행복하게 사는 법

**1판 1쇄 인쇄**  2018년 4월 10일
**1판 1쇄 발행**  2018년 4월 14일

| | |
|---|---|
| **지은이** | 윤성식 |
| **발행처** | 수오서재 |
| **발행인** | 황은희, 장건태 |
| **편집** | 최민화, 마선영 |
| **마케팅** | 이종문 |
| **디자인** | 권미리 |
| **제작** | 제이오 |
| **주소** | 경기도 파주시 회동길 337-10, 302호(10001) |
| **등록** | 2014년 6월 16일(제396-2014-000115호) |
| **전화** | 031)955-9790 |
| **팩스** | 031)955-9796 |
| **전자우편** | info@suobooks.com |
| **홈페이지** | www.suobooks.com |
| **ISBN** | 979-11-87498-23-0 03320  책값은 뒤표지에 있습니다. |

이 도서의 국립중앙도서관 출판시도서목록(CIP)은 서지정보유통지원시스템 홈페이지
(http://seoji.nl.go.kr)와 국가자료공동목록시스템(http://www.nl.go.kr/kolisnet)에서
이용하실 수 있습니다.(CIP제어번호 : CIP2018009346)

도서출판 수오서재守吾書齋는 내 마음의 중심을 지키는 책을 펴냅니다.

# 예측 불가능한 시대에
# 행복하게 사는 법

**4차 산업혁명
시대를 위한 생존전략**

윤성식 지음

수오서재

# 차례

# 서문  미래를 살 당신에게

지나온 삶을 회고해보면 대학 진학, 군 입대, 미국 유학, 취업, 결혼 등 어느 하나 계획대로 된 것이 없었다. 삶이 이렇게 예측불허라는 사실을 젊었을 때 알았더라면 내 인생도 많이 달라졌으리라. 수십 년 전 컴퓨터가 발달하면서 함께 등장했던 미래 예측은 서의 대부분 빗나갔다. 다가올 인공지능과 로봇 시대에 대한 예측도 빗나갈 가능성이 농후하다. 인류가 지금껏 살아오면서 겪은 미래는 지난 역사 속에서 비슷한 경험을 찾아낼 수 있는 것들이었다. 지금 우리는 인류가 전혀 경험하지 못한 미래를 앞두고 있다. 인공지능과 로봇 시대에는 예측하기가 더더욱 불가능해지겠지만 그렇다고 무엇을 해야 할지 알 수 없다고만 말하는 것은 무책임하다. 하지만 창의력과 감성이 살 길이라고 상식적으로만 접근하면 손에 잡히는 것은 아무것도 없다.

오직 모를 뿐인 미래를 어떻게 헤쳐 나가야 할까? 모두가 힘들다고 아우성치는 오늘날, 공학적으로 삶에 접근하면 생존 전략이 행복을 삼켜버릴 수 있다. 100세 시대를 넘어 영생을 향해 달려가는 인간은 인공지능이 만물의 영장이 되는 미래를 직시하고 살아가야 한다. 미래는 예측할 수 없기에 불안하지만 막상 닥치면 생각보다 견딜 만할 것이다. 비관도 낙관도 하지 말고 있는 그대로 보고 가야 한다. 예측 불가능한 시대에 행복하게 살아남으려면 상식의 틀에서 벗어나는 지혜가 필요하고 삶을 바라보는 철학적 성찰도 필요하다. 이 책은 학부모에게, 중고생에게, 대학생에게, 직장인에게 그리고 100세 시대를 살아가는 우리 모두에게 필요한 책이지만 청년층과 학부모에게 가장 큰 도움이 되리라 생각한다.

이 책이 많은 사람에게 도움을 줄 수 있을지 잘 모르겠다. 쉽지 않은 일이겠지만 조금이라도 도움이 된다면 내 삶에 그 이상의 기쁨은 없을 것이다.

윤성식

# 인공지능과
# 로봇은
# 과거의
# 변화와는
# 다르다

1부

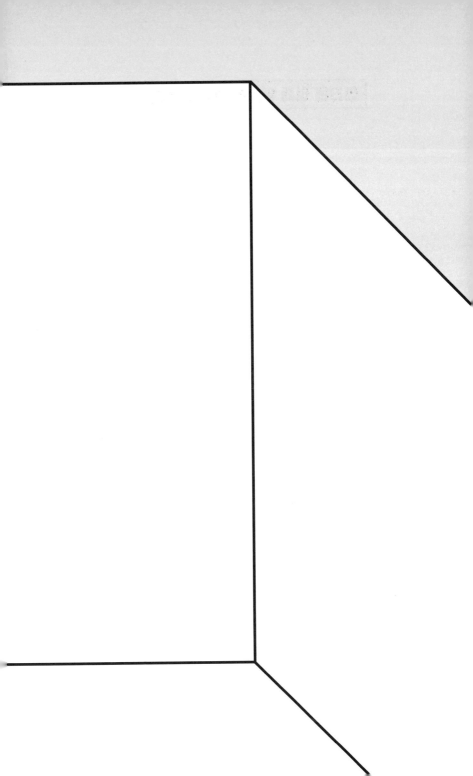

## 인간은 이제 영원히 죽지 않는다

만약 당신이 죽음을 앞두고 당신의 뇌 속에 있는 모든 기억, 정보, 자료를 컴퓨터에 다운로드한다면 당신의 몸은 죽어도 기억, 정보, 자료는 죽지 않고 살아남는다. 당신의 뇌를 다운로드 받은 컴퓨터에 물체를 보는 센서, 소리를 듣는 센서, 냄새를 맡는 센서기 있다면 눈, 귀, 코가 있는 셈이다. 몸은 죽어도 뇌는 그대로 컴퓨터에 옮겨져서 아이들과 대화를 나누고, 책을 읽고 소리를 듣고 냄새를 맡으며 기계로서 날마다 성장한다. 당신의 아이는 당신에게 "아빠, 기계 속에 들어가니 어때?"라고 장난을 치거나 "아빠가 여전히 살아 있어서 참 좋아"라고 감정을 표현할지도 모른다. 당신은 기계로서 경험을 쌓고 사람과 대화를 나누며 생각을 바꾸고 새로운 철학을 정립한다. 생물학적인 몸만 없어지고 인간은 이제 영생을 얻는다. 언제 이렇게 될 수 있을까?

과학자들은 오래전부터 과학과 기술이 발전하다 어느 단계를 넘어서면 인간보다 더 뛰어난 지능이 탄생하고, 과학과 기술은 인간이 통제할 수 없는 수준에 도달한다고 말했다. 이 단계에 도달하면 과거의 모든 법칙, 이론, 제도는 더 이상 필요치 않게 된다. 이 단계를 특이점, 곧 싱귤래리티 singularity라고 한다. 특이점에 도달하면 얼마 지나지 않아 인간도 영생을 얻게 된다.

디지털 시대의 미래학자이자 구글의 인공지능 책임자인 커즈와일은 2029년 정도가 되면 컴퓨터가 인간의 지능과 비슷해지며 이때부터 인간의 기대수명은 매년 1년씩 증가한다고 주장한다. 2045년쯤 되면 인공지능이 전 인류의 지능을 능가하고 인간은 영생을 얻는다고 예측한다. 2045년에 당신은 몇 살이 되는가? 1948년생인 커즈와일은 2045년에 97세가 된다. 2045년까지 건강하게 살아남는다면 영생을 얻을 수 있기에 이때까지 살아 버티는 게 중요하다. 커즈와일은 2045년까지 살아남기 위해 매일 200개가 넘는 영양제를 먹었는데 생명과학과 약학의 발전으로 지금은 하루 100개 정도의 영양제를 먹는다고 한다. 1년 동안 약값으로만 약 100만 달러, 우리 돈으로 11억 원이 넘는 돈을 쓴다. 이렇게 노력해야 97세까지 살아서 영생을 얻을 수 있으리라. 그는 70대에 진입했는데도 40대 후반으로 보인다고 하니 나름 작전이 성공한 셈이다.

요즘은 유전자 편집이 가능한 유전자 가위 기술이 인류에게 큰 희망을 준다. 불치병을 치료함은 물론이고 더 나은 능력을 갖도록 인간 유전자를 변형한다니 공상과학영화는 더 이상 영화가 아닌 우리 앞에 펼쳐진 현실이다. 나노 기술이 발전함에 따라 초소형 나노 로봇이 우리 혈관 곳곳을 돌아다니며 청소하고 병균과 싸우며 신체의 특성 부위에 약물을 주입한다. 무엇보다도 나노 로봇은 뇌 속에 들어가서 뇌 역량을 획기적으로 향상한다. 나노 로봇은 전 세계 컴퓨터와 연결할 수 있기에 나노 로봇이 하는 일은 상상을 초월한다.

이런 방식의 영생은 무언가 섬뜩하다, 이렇게까지 살고 싶지 않다는 사람도 있다. 이러한 노력이 처절한 몸부림처럼 느껴질 수 있지만 달리 생각해보면 얼굴에 미소가 떠오르는 꿈이기도 하다.

미래를 상상해보자. 예측은 불가능하지만 큰 흐름과 방향은 가늠할 수 있다. 지금과 같은 속도로 과학기술이 발전한다면 분명 영생이 가능한 시기가 온다. 지금 이 책을 읽는 대부분의 독자에게 영생은 틀림없는 현실이 된다. 영생을 얻을 수 있다면 나는 과연 무엇을 어떻게 준비해야 할까? 전혀 다르게 생각하고 전혀 다른 준비를 해야 한다. 이 책에서 제안하는 내용이 만약 여러분이 기존에 생각했던 내용과 비슷하다면 미래에 도움이 되지 않을 것이다. 여러분이 생각했던 내용과 다르다면 거부 반응을 보일 수도 있고 의문을 가질 수도 있지만 어쨌든 미래에 도움은 될 것이다.

모두 피곤한 삶을 살고 있는 요즘에는 무조건 "괜찮다"는 메시지가 환영받는다. 영생이 가능한 시대를 어떻게 살아야 하는가에 대해서도 마찬가지다. 우리가 제일 듣고 싶어 하는 메시지는 "별거 아니야, 괜찮아"이다. 조금이라도 노력해야 한다거나 신경 쓰는 일을 해야 한다고 조언하면 인기를 얻을 수 없다. 그럼에도 나는 독자가 싫어할지도 모를 정직한 조언을 하고 싶다. 왜냐하면 앞으로 우리에게 닥쳐올 시대가 만만치 않기 때문이다. 어쩌면 우리는 참으로 고통스럽고 혼란스러운 시대를 맞이하게 될지도 모른다.

# 육체도 영생을 얻을 수 있다

　　요즘은 결혼하지 않겠다고 결심하는 젊은 여성이 많다. 이 중 일부는 결혼은 하지 않더라도 아이는 낳아서 키우고 싶어 하며 실제로 행동에 옮긴다. 남자에게 임신 사실을 알리지 않고 낳아서 키우는 여성도 있고, 책임지지 않아도 되니 걱정하지 말라고 신신한 뒤 홀로 기우는 여성도 있다. 선진국의 경우 남자와 엮이고 싶지 않아서 인공수정을 택하는 여성도 많다. 정자은행에 가서 자신이 바라는 신체적 특징을 가진 남자의 정액을 선택하면 아빠가 누군지는 몰라도 남자를 만나고 호감을 갖고 관계를 맺는 지난한 과정 없이도 매력적인 남자의 아이를 가질 수 있다.

　　동물의 경우 정자를 채취할 때 암컷의 생식기를 모방해 만든 인공 질을 사용한다. 인간의 경우에도 여성의 질을 모방한 인공 질이 존재한다. 희귀질환으로 생식기 없이 태어난 여성에게 인공 질을 성공적으로 이식한 사례도 나왔다. 사람의 피부처럼 촉각, 온도, 습도, 심지어 유해가스까지 감지할 수 있는 인공 피부가 속속 개발되고 있다. 만약 인공 피부와 인공 질 기술이 발달한다면 섹스 로봇이 인간을 대신할 수 있다.

일본에서는 이성에 관심이 없는 남녀를 초식남, 건어물녀라고 부른다. 성性에 아주 개방적인 나라 일본에서 이런 극단적인 현상이 나타난다는 사실이 흥미롭다. 심지어 일본에는 남성이 들어갈 수 없는 식당과 커피숍이 있다. 일본뿐 아니다. 이성에 관심을 보이지 않는 현상은 좀 더 연구해 볼 만한 주제이지만 분명한 건 이런 현상이 증가한다는 점이다. 이성에게 관심이 있더라도 사귀는 것이 부담되어 이성 교제를 외면하는 젊은이도 많다. 끊임없이 관심을 표명해야 하고, 잘해줘야 하며, 사랑의 증거를 제공해야 하는 이 모든 과정을 피곤해한다. 혹은 이성이 다가오면 뒤로 물러서고 이성이 떠나려고 하면 뒤쫓아 가는 이해하기 어려운 행동을 보이는 경우도 있다. 어떤 이유이건 이성이 부담스럽지만 섹스는 하고 싶을 때 이젠 섹스 로봇에 의존할 수 있는 시대가 되었다. 전문가들은 앞으로 섹스 머신 시장이 엄청나게 성장하리라고 예언한다. 이제 인간은 인공 질만이 아니라 거의 모든 신체 부위를 생산하게 될 것이다.

　　인공 피부와 인공 장기가 발달하면 구태여 로봇에만 사용할 필요가 없다. 각종 장기를 이식해 우리 몸을 기계처럼 대체 가능한 신체로 만들 수 있다. 과거에 〈600만 불의 사나이〉라는 인기 드라마가 있었다. 엄청난 시력을 가진 인공 눈으로 사람이 볼 수 없는 사물을 보고, 엄청난 청력을 가진 인공 귀로 사람이 들을 수 없는 미세한 소리까지 들으며, 초인적인 힘을 내는 팔과 다리로 달리고 싸우는 주인공이 600만 불의 사나이였다. 장기를 복제해 내 피부와 장기를 계속 만들어서 부속품처럼 갈아 끼울 수도 있지만 복제가 불가능하다면 인공 피부와 장기를 이식하면 된다.

　　우리 신체가 이렇게 대체 가능하고 이식 가능하게 된다면 신체 또한 영생을 얻게 되고 뇌에 있는 모든 정보를 컴퓨터에 다운로드할 필요가 없어진다. 뇌의 노화 현상을 해결하는 의학의 발달로 뇌를 포함한 신체는 자식과 함께 영생한다. 하지만 한편으로 대체 가능하고 이식 가능한 신체라 해도 영생은 어려울지 모른다. 그럴 때는 뇌의 정보를 다운로드하여 신체의 영생을 포기한 제한적 영생을 추구하면 된다. 어떤 경우든 지금 우리로서는 상상할 수 없는 시대가 열린다.

이러한 과학기술 발전이 먼 이야기로 느껴진다면 당신은 위험한 상황에 처해 있는 것이다. 어느 날 알파고가 우리나라에 와서 이세돌을 꺾어 우리를 충격에 몰아넣고는 급기야 4차 산업혁명이 무엇인가 모두를 걱정케 한 사례를 생각해보라. 알파고를 알기 전에 내가 인공지능에 대해 설명했다면 많은 사람이 황당하다고 생각했을 것이다. 지금 여기서 설명하는 과학의 미래가 100세 시대에는 분명 우리 삶에 나타날 현상인데도 황당한 일로 치부한다면 엄청난 변화가 오고 있음을 모른다는 의미이니 얼마나 심각한가? 이는 먼 미래가 아니라 우리에게 이미 시작된 현실이다. 우리는 흔히 "조금 더 살면 뭐 하나?"라고 말하지만 조금 더 살면 과학기술이 발전해 아주 오래오래 더 살 수 있을지 모른다. 아무리 미래 예측이 들어맞지 않는 시대에 살고 있다 해도 큰 방향과 흐름은 분명히 알 수 있다. 우리의 수명은 늘어난다. 120세까지가 인간 수명의 생물학적 한계라고 하지만 대체 가능하고 이식 가능한 신체의 수명은 120세를 뛰어넘으리라. 우리는 이런 미래를 어떻게 대비해야 할까?

## 누구나 아이언맨과 같은 증강인간이 될 수 있다

영화 〈아이언맨〉에서 주인공 토니 스타크는 모든 것을 가진 부러움의 대상이다. 머리가 좋고 박사에 스스로 발명을 한다. 현실에서는 전기자동차 회사 테슬라를 창업한 일론 머스크가 영화 〈아이언맨〉 주인공과 유사한 모델로 간주된다. 실제로 영화 〈아이언맨〉 감독은 일론 머스크를 모델로 영화를 만들었다고 말했다.

토니 스타크는 물리학 박사이고 일론 머스크 역시 학부에서 물리학을 전공했다. 일론 머스크는 어렸을 때 스스로 컴퓨터 프로그래밍을 독학하며 사업가, 발명가로서의 자질을 보였다. 미국 펜실베이니아 대학에서 물리학을 전공하고 스탠퍼드 대학 물리학 박사 과정을 밟지만 곧 자퇴한다. 사업을 시작한 일론 머스크는 부자가 되고 토니 스타크처럼 미인과 사귀며 천재 사업가로서 새로운 영역을 개척한다. 일론 머스크가 창업한 테슬라의 주가 총액은 이미 GM의 주가 총액을 능가했다. 몇 년 되지 않은 전기자동차 회사가 수십 년 역사를 가진 GM을 능가했다는 것만으로도 엄청난 일이다. 그는 우주개척 프로젝트, 지하고속교통 건설, 태양광 사업, 화성 식민지 건설 등 꿈같은 사업을 계속 추진하고 있다.

우리는 토니 스타크와 일론 머스크처럼 머리가 좋지 않지만 미래엔 그들의 능력을 뛰어넘을 수 있다. 영화 〈아이언맨〉을 보면 토니 스타크는 끊임없이 자신의 개인 비서와 다름없는 컴퓨터에 지시를 내리고 도움을 받는다. 영화 속에 등장하는 컴퓨터는 인공지능으로서 토니 스타크가 모르는 게 있으면 알려주고 미리 예측해 경고하고 의사결정에 조언을 한다. 우리도 이런 인공지능 컴퓨터를 보유하고 있으면 토니 스타크나 일론 머스크의 지적인 역량을 뛰어넘을 수 있다. 전 세계 컴퓨터가 하나로 연결되어 초지능이 탄생한다면 누가 초지능을 갖느냐가 중요해진다. 우리 인류가 모두 공평하게 사용한다면 민주주의이겠지만 공상과학영화에 자주 나오듯이 독재자 손에 들어가면 우리는 끔찍한 시대를 살게 된다.

우리 뇌에 센서나 각종 전자장치를 이식하고, 뇌와 컴퓨터를 연결할 수 있게 된다면 기계와 인간의 구분이 모호해진다. 인간에게 기계가 이식됐다고 볼 수 있지만 기계에 인간이 부품으로 조립되었다고 볼 수도 있다. 컴퓨터와 기계가 인간과 결합돼 육체, 정신 능력이 향상된 인간을 증강인간Augmented Human이라고 한다. 증강인간은 무한히 확장된다. 영화 〈아이언맨〉의 주인공 토니 스타크는 부자이기에 그리고 천재이기에 가장 뛰어난 인공지능을 비서로 두고 있을 뿐 누구나 그런 인공지능을 소유하지는 못한다. 앞으로 어떤 시대가 올지 모르지만 빈부격차 문제는 인공지능과도 결코 무관하지 않다.

앞으로 인공지능을 판매하는 시대가 온다. 이미 구글은 텐서플로Tensorflow라는 머신러닝Machine Learning 기술을 누구나 사용할 수 있게 공개했다. 시중에서 판매하는 인공지능보다 더 우수한 인공지능을 만들어 사용하는 역량 있는 개인이 나올 수도 있다. 예를 들면 토니 스타크는 시중에서 판매하는 인공지능이 아닌 가장 뛰어난 인공지능을 소유한 사람이다. 천재 과학자는 돈이 많지 않아도 자신만의 인공지능을 갖게 된다. 시중에서 판매하는 인공지능을 개선해 누가누가 더 뛰어난 인공지능을 갖고 있느냐 경쟁할지도 모른다. 마치 자동차를 구입한 뒤 이것저것 고치고 부속품을 추가해 튜닝하듯이 말이다.

내가 사용하는 아이폰에는 시리Siri라는 개인 비서가 장착되어 있다. 아직 인공지능이라고 하기엔 미흡하지만 가끔 도움이 될 때가 있다. 긴급하게 전화를 해야 하는데 양손이 자유롭지 못할 경우 시리에게 전화를 걸어달라고 요청할 수 있다. 아이폰은 구입하는 데 큰돈이 들지 않지만 초지능 인공지능은 보통 사람이 상상할 수 없는 비용을 지불해야 할 것이다. 우리의 역량은 한없이 확장될 수 있지만 우리가 가진 돈에 의해 제한받으리라. 지금까지 우리는 운동을 해서 몸을 건강하게 만들었다. 하지만 이제는 운동 이외의 방법으로 신체를 강화할 수 있다. 초인적인 능력을 가진 인공 눈, 인공 귀, 인공 팔, 인공 다리가 신체 역량을 강화한다. 그동안 우리는 지적 능력을 강화하기 위해 공부에 매달려왔지만 이제는 공부 이외의 방법으로 뇌를 강화할 수 있다. 뇌와 연결된 인공지능은 우리를 천재로 만든다.

이런 말을 들으면 갑자기 공부하기가 싫어질 것이다. 아니, 공부하기 싫어진다기보다는 공부하지 않을 좋은 핑곗거리가 생긴 셈이다. 과연 우리는 공부를 멀리해도 될까? 인공지능을 사기만 하면 되니 돈을 벌어야 할까? 하지만 돈을 벌려면 공부를 해야 하지 않을까? 부자 중에 고학력이 드문 걸 보면 공부는 여전히 안 해도 되는 걸까? 몇십 년 내에 의학이 획기적으로 발달할 테니 건강을 살피지 않고 적당히 살아도 괜찮을까?

과학의 발달은, 인공지능을 사고파는 세상은 우리의 삶을 어떻게 바꾸어놓을까? 새로운 세상에서 우리는 어떤 선택을 해야 할까? 지금까지와는 전혀 다른 새로운 질문과 선택이 우리 앞에 놓여 있다.

# 코딩 열풍, 어디까지 따라가야 할까?

미국에서는 이미 인공으로 세포를 만들고 인공 DNA를 세포 안에 이식해 생명체를 만들어서 움직이게 하는 실험에 성공했다. 생명체를 합성한 인간은 이제 신의 영역에 진입했고 시간이 지나면 로봇이 아닌 인조인간을 합성할 수 있다. 합성생물학은 기존의 생명체를 결합할 수 있고, 생명체를 변화시킬 수 있으며, 새로운 생명체를 창조할 수도 있다. 우리가 어떤 DNA를 설계하는가에 따라 탄생하는 인간이 달라진다. 최초로 자가 재생하는 생명체를 만든 존 크레이그 벤터 연구팀은 '최초 생명체의 부모가 누구일까'라는 질문을 던진다. 그들이 내놓은 답변은 뜻밖에도 '컴퓨터'이다. 컴퓨터가 없으면 DNA를 설계하는 복잡한 일은 사실상 할 수 없다. 컴퓨터 계산에 의해 과거에는 불가능했던 일이 온갖 분야에서 가능해졌다.

한 세계적인 유전학자가 "요즘 유전학회에 가면 구글에서 근무하는 연구원들이 발표하는 논문이 상당수를 차지하고 있어요"라고 말했다. 구글에서는 왜 유전자 연구를 하는 걸까? 구글은 컴퓨터 전문가로 이루어진 회사다. 따라서 복잡한 계산에 가장 뛰어난 학자들이 포진해 바이오인포매틱스Bioinformatics라는 연구 분야에서 유전자에 관한 연구를 진행하기도 한다. 바이오인포매틱스는 유전자를 대상으로 하지만 결국 컴퓨터 소프트웨어 기술 발전과 연결된다. 생물학과에도 바이오인포매틱스라는 분야가 있으나 컴퓨터학과에도 바이오인포매틱스라는 분야가 있다. 컴퓨터를 이용한 복잡한 계산은 물리학, 공학은 물론이고 경제학, 경영학 분야에도 사용된다.

오늘날 모든 분야에서 컴퓨터는 필수 불가결한 도구가 되었다. 상황이 이렇다 보니 전 세계적으로 컴퓨터 프로그래밍을 배우는 코딩Coding 열풍이 불고 있다. 한국에서도 코딩 열풍이 불어 비싼 코딩 교육이 문제로 떠오를 정도다. 너도나도 영어를 배우듯이 앞으로는 코딩을 배워야 한다는 주장도 나온다. 하지만 지금의 코딩 열풍은 자칫 이상한 방향으로 왜곡될 수 있어 걱정스럽다. 중요한 것은 컴퓨터 언어가 아니라 언어를 이용한 컴퓨터의 논리 구조이다. 마치 영어를 배우듯 컴퓨터 언어에만 관심을 기울이는 것은 문제다.

　　　나는 고등학생 때부터 박사 과정을 마칠 때까지 줄곧 문과였다. 컴퓨터와는 거리가 먼 전공이었다. 나는 대학을 졸업하고 미국 유학을 준비하는 동안 컴퓨터 프로그래밍을 배웠다. '어셈블러Assembler'라는 언어였는데 당시 가장 까다로운 언어였고 지금 가장 까다롭다는 'C++'보다 훨씬 어려운 언어였다. 나는 1979년에 미국으로 유학을 떠났다. 그리고 그곳에서 '포트란Fortran'이라는 언어를 이용해 프로그래밍하는 수업을 정식으로 수강 신청해 듣기도 했다. 사실 주변에서는 컴퓨터 프로그래밍을 어디다 써먹겠느냐고 말했지만 나는 왠지 미래는 컴퓨터 시대가 될 것이라 생각했고, 공부를 강행했다. 경영학 박사 과정에 진학해서 박사 논문을 쓸 때 나에게 결정적인 돌파구는 바로 컴퓨터 프로그래밍이 만들어주었다. 경영학은 현실에서 실제 사례를 구성하기 어렵다. 그래서 나는 '포트란 언어'를 이용해 가상 사례를 만들어 가설을 증명하는 방법을 사용했고, 이를 본 지도교수가 놀라서 어떻게 그런 사례를 만들었냐고 물었다. 내가 컴퓨터 프로그래밍을 통해 만들었다고 답했더니 감탄하며 자신이 나의 사례를 사용해도 되겠느냐고 물어왔다. 물론 인용 출처를 밝히겠다고 말했고, 나는 흔쾌히 허락했다.

고려대학교 행정학과를 졸업한 뒤 미국 대학에서 보험학으로 석사를 받고 귀국한 제자 한 명이 방문했다. 자신은 컴퓨터 프로그래밍 능력을 갖춘 보험 전문가이기 때문에 훨씬 경쟁력이 있다고 말했다. 과거 보험 전문가는 컴퓨터와 관련된 일을 컴퓨터 전문가에게 맡겼지만 지금은 보험 전문가라면 당연히 컴퓨터 프로그래밍을 할 줄 알 것이라 기대한단다. 직접 프로그래밍을 하는 보험 전문가는 일일이 컴퓨터 전문가의 손을 빌려야 하는 보험 전문가와는 업무 역량 면에서 차원이 다르다고 했다. 프로그래밍을 할 줄 알면 프로그래밍을 모르는 사람에 비해 훨씬 유리한 게 사실이다.

초등학생에게 코딩 교육을 시작했지만 중고생은 어떻게 해야 한까? 입시가 코앞에 있으니 코딩에 매달릴 여유가 없으리라. 그렇다면 대학에 들어가서 배워야 할까? 이미 늦은 건 아닐까? 직장 다니면서 배워야 할까? 파김치가 되도록 일하는 직장인은 코딩에 매달릴 여유가 없을 것이다. 아직까지는 코딩 교육을 받았다고 대학 진학에, 취업에, 승진에 유리해 보이지 않는다. 언젠가는 프로그래밍을 할 줄 아는 보험 전문가를 선호하듯이 코딩을 배운 사람을 더 선호할 수 있겠지만 아직은 요원해 보인다. 인공지능 때문에 직장을 잃는 일은 생기겠지만 코딩을 안다고 직장을 잃지 않고 코딩을 모른다고 직장을 잃는 일은 일어나지 않을 것이다. 그렇다면 대한민국에서 코딩을 배워야 하는 사람은 초등학생뿐이다. 이렇게 결론을 내리고 나니 마음이 편치 않다.

모든 사람이 컴퓨터 코딩을 배운다고 해서 컴퓨터 전문가가 되는 게 아니다. 컴퓨터를 자기 전문 분야에 적용할 수 있는 방법을 배우는 것이다. 사무직이 자신의 업무를 수행할 때, 과학자가 연구를 할 때, 교사가 가르칠 때, 예술가가 창작활동을 할 때 컴퓨터 프로그래밍을 사용하는 시대가 온다. 컴퓨터 프로그래밍 능력이 있으면 인공지능과 로봇 시대에 가장 강력한 경쟁력을 갖는다. 컴퓨터 프로그래밍 능력은 모든 분야와 결합하여 문제를 해결한다.

코딩은 컴퓨터 언어를 사용하여 컴퓨터 프로그래밍을 배우는 과정이다. 컴퓨터 언어는 자꾸 좋은 언어가 새롭게 개발되기 때문에 언어 습득에 초점을 맞추면 컴퓨터 코딩 교육은 실패한다. 게다가 프로그래밍을 하는 인공지능도 현재 개발되고 있기에 이젠 오직 사고력만이 중요한 시대가 왔다. 코딩의 핵심은 컴퓨터적 사고, 즉 컴퓨터 계산적 사고 Computational Thinking를 하는 데 있다. 컴퓨터적 사고를 해야 자신의 업무, 연구, 창작에 컴퓨터를 사용해서 문제를 해결할 수 있다. 한마디로 컴퓨터를 활용할 수 있는 사고 구조를 익혀야 한다. 예를 들어 컴퓨터적 사고를 하는 사람은 어떻게 자신의 업무를 재구성해야 컴퓨터 프로그래밍으로 문제를 해결할 수 있다는 것을 안다. 이제 새로운 사고력의 시대가 열렸다. 코딩을 통해 컴퓨터적 사고, 즉 컴퓨터 계산적 사고 능력을 얻자.

# 알파고 이전에 우리는 왜 몰랐던가?

　나는 페이스북을 통해 많은 사람과 교류한다. 친구가 점점 늘어 이젠 3,000명을 넘었다. 알파고가 우리나라에 널리 알려지기 한참 전에 나는 인공지능에 대해 경고하는 글을 페이스북에 올렸다. 많은 페이스북 친구가 인공지능에 대한 내 글을 보고 놀랐다는 반응을 보였고, 다양한 댓글이 달렸다. 그때 한국은 선진국에서 인공지능이 얼마나 발전하고 있는지에 대한 정보와 지식이 전혀 없었다.

　내가 인공지능 발달과 그로 인한 충격을 미리 한국에 소개할 수 있었던 이유는 뇌 과학에 관심이 많았기 때문이다. 물론 영어에 익숙해 인공지능에 관한 정보와 자료를 쉽게 접할 수 있었기 때문이기도 하다. 뇌 과학을 공부하다가 최근 뇌 과학과 연관을 맺으며 발전하는 인공지능에 대해 알게 되었고 인공지능을 도약시킨 제프리 힌턴, 얀 레쿤, 요슈아 벤지오, 하사비스 등에 대해 알게 되었다. 인공지능은 몇 십 년간 이어진 정체기를 벗어나기 위해 극적인 돌파구를 찾던 와중에 뇌 과학을 통해 인간의 뇌를 흉내 내려 했고, 나름 성공을 거두었다.

알파고를 만든 회사의 사장은 천재로 이름 높은 하사비스다. 그리스인 아버지와 중국인 어머니 사이에서 태어난 하사비스는 어렸을 때부터 컴퓨터를 배웠고 케임브리지 대학에 진학해 컴퓨터를 전공했다. 케임브리지 대학을 졸업한 하사비스는 명문 케임브리지 대학도 옥스퍼드 대학도 아닌 UCL University College London에 진학해 뇌 과학 박사를 취득했다.

그는 평생 한 편만 실려도 영광이라는 세계 3대 과학 학술지 중 하나인 《네이처》에 논문을 게재하면서 인공지능 회사를 창업한다. 그 회사가 바로 알파고를 만든 '딥마인드 Deepmind'이다. 인공지능은 최근 딥러닝 Deep Learning이라는 머신러닝 방법을 사용해 비약적인 발전을 이룩했다. '딥마인드'는 인공지능의 딥러닝과 뇌 과학의 마인드를 결합한 명칭이다. 딥러닝은 뇌 학습을 모방해 인공지능의 도약을 시도한다. 아무리 컴퓨터가 발달했다 해도 인간의 뇌에 비하면 아직 지능이 많이 떨어진다. 인공지능은 등장하고 수십 년 동안 정체기를 겪다가 머신러닝이 등장하면서 진정한 인공지능으로 발전하기 시작했다. 머신러닝은 기계학습이라고도 부르는데 인간의 러닝, 곧 인간이 학습하는 것처럼 기계가 학습하는 것을 말한다. 머신러닝이 등장하기 전의 인공지능은 인공지능이라고 부를 수 없다는 주장이 있을 정도로 머신러닝은 진정한 인공지능의 시작을 의미한다. 요즘은 아예 인공지능이라는 용어 대신 머신러닝이라는 용어를 사용한다. 미국의 4대 컴퓨터 명문대학 중 한 곳인 카네기멜런 대학에서는 머신러닝 박사 과정을 개설하기까지 했다. 지금 머신러닝은 1980년대와 1990년대에 이루어진 뇌 과학 연구를 컴퓨터 알고리즘에 결합하고 있지만 이런 속도면 최근의 뇌 과학 연구 결과가 머신러닝에 결합될 날도 멀지 않았다. 이제 컴퓨터와 뇌 과학의 융합으로 생각지도 못한 신세계가 열리리라 생각한다.

인공지능의 부분집합이 머신러닝이고 머신러닝의 부분집합이 딥러닝이다. 즉 머신러닝은 인공지능의 일부기법이고 딥러닝은 머신러닝의 일부기법이다. 딥러닝은 2012년경부터 비약적으로 발전했는데 그때 읽은 논문에는 전 세계에서 인공지능 전문가가 수십 명에 불과하다는 주장이 담겨 있었다. 수십 명의 전문가 중에서 한국에 있는 전문가는 몇 명이었을까? 한국 인공지능학회에 속한 한 교수는 자신들이 하사비스의 논문에 대해 대화를 나눈 적이 있었는데 다들 솔직히 논문을 이해하기가 쉽지 않다는 고백을 했다고 한다. 아직 한국에는 머신러닝 전문가가 극소수밖에 없다. 특히 딥러닝 전문가는 몇 명이나 있을까 의문이다. 어떤 사람은 한국에는 진정한 인공지능 전문가가 한 명도 없다고 주장하기도 한다.

　　　딥러닝이 비약적으로 발전한 지 몇 년 되지 않았기 때문에 알파고가 이세돌과 대국했을 때 한국은 인공지능에 대해 전혀 모르는 상태였다. 그랬기에 충격이 더 컸다. 지금 세계가 변하는 속도는 따라가기 힘들 정도이다. 이런 시대에 끊임없이 세상의 변화를 추적하지 않으면 알파고가 이세돌을 꺾었을 때 겪은 충격을 계속해서 겪을 수밖에 없다. 소수의 앞서가는 사람이 세상의 변화를 대한민국에 소개하지 않으면 우리는 계속 뒤따라가며 충격만 받게 된다. 소수의 앞서가는 사람이 없다면 정부가 앞장서서 이런 변화를 감지하고 국민을 인도해야 한다. 정부는 알파고가 이세돌을 꺾은 뒤에도 한동안 충격에서 헤어나지 못하더니 2018년 예산에서 엄청난 돈을 인공지능 개발에 퍼붓겠다고 말했다. 참으로 안타까운 일이다. 세상의 변화를 감지하고 국민에게 알려야 할 언론도 가만히 침묵하고 있다가 알파고가 한국을 뒤흔든 뒤에야 호들갑 떠는 모습을 보이며 우리를 더욱 답답하게 만든다.

정부, 학자, 언론이 모두 우리에게 세상의 변화를 알려주지 않으면 우리 스스로 세상의 변화를 감지해야 한다. 하지만 쉽지 않은 일이다. 인공지능과 로봇 시대에 많은 사람이 직업을 잃고 또 많은 사람이 새로운 직업을 얻게 된다. 4차 산업혁명의 문제란 알고 보면 기업과 정부에서 어떤 일자리가 인공지능과 로봇에 의해 대체되고 어떤 일자리가 남는가의 문제이기도 하다. 이제 경영학과 행정학은 4차 산업혁명의 시대에 없어지는 일자리와 새로 생기는 일자리 문제를 연구해야 하며 학생들에게 어떻게 미래를 준비해야 하는가에 대한 답을 제시해야 한다.

## 4차 산업혁명은 없다

4차 산업혁명은 미국에서는 별로 사용하지 않는 단어이다. 다보스 포럼 회장인 클라우스 슈밥의 책이 한국 서점가에서 베스트셀러를 기록하다 보니 한국에서 유난히 많이 사용되고 있는 듯하다. 4차 산업혁명이란 앞으로 새롭게 시작될 현상이 아니라 한국에서도 이미 시작된 현상이다. 예를 들어 수년 전 빅데이터라는 말이 한국에서 크게 유행했는데, 빅데이터 또한 4차 산업혁명에서 중요한 부분을 차지한다.

친구에게 이메일을 작성하면 내가 입력하는 단어에 부합하는 광고가 오른쪽 화면에 떠오른다. 내가 이메일에 '학위'라고 치면 온라인 학위를 제공하는 대학의 광고가 뜬다. 내가 무엇을 검색하는지 관찰하다가 관련된 제품에 대한 광고를 띄우는 것이다. 곰곰이 생각해보면 참으로 기분 나쁜 일이다. 내 일거수일투족을 감시하고 있는 인터넷에 과연 모든 정보를 제공해야 할지 한편으로는 걱정이 된다. 그래서 "구글은 알고 있다"라는 유명한 표현이 생겨나기도 했다. 인터넷에는 나에 관한 정보가 수없이 떠돌아다니고 있고, 누군가는 이러한 거대 정보, 곧 빅데이터를 활용해 돈을 벌고, 기업과 정부는 의사결정을 내린다.

한국에서도 요즘 세계 최대 온라인 쇼핑 사이트 아마존에서 물품을 구입하는 해외 직구족이 늘었다. 나도 몇 번 구입해본 경험이 있는데 구매 버튼을 한 번만 누르면 일사천리로 구매가 완료되니 허무할 정도로 간단하게 느껴진다. 마치 충동구매를 유도하는 사이트처럼 느껴지기도 한다. 고객이 아마존에서 여러 제품을 구입하면 고객에 대한 빅데이터가 아마존에 수집된다. 아마존은 고객의 구매 패턴을 분석해 다음에 고객이 주문할 것 같은 제품을 미리 포장해놓고 주문이 이루어지기를 기다린다.

사람이나 자동차가 없으면 가로등이 꺼지고 사람이나 자동차가 지나가면 켜지는 기술이 이미 시행되고 있다. 가로등에 센서를 부착해 인터넷과 연결하는 사물인터넷IoT, Internet of Things이 바로 우리 현실로 성큼 다가와 있다. 모든 종류의 물품, 건물, 기계에 초소형 컴퓨터를 삽입해 인터넷과 연결하는 사물인터넷도 4차 산업혁명을 이루는 중요한 부분이다. 고액 수표에 칩을 내장하면 수표가 누구의 손을 거쳐 어디로 가는지 정확하게 추적할 수 있고, 인터넷을 통해 필요한 거래를 완성할 수 있다. 유럽에서는 오래전에 이미 고액 수표에 칩을 내장해 추적이 가능하게 만들었다. 이제는 수표나 현금이 없는 세상이 온다. 모든 금융거래가 인터넷을 통해 이루어지면 지하경제도 사라질 것이다. 사생활이 보호되는 전자화폐가 등장하기도 했다. 사생활이 보호된다면 많은 사람이 전자화폐 사용을 반대하지 않으리라 생각한다. 선진국에서는 강도가 은행에 침입했다가 화폐가 하나도 없어 그냥 돌아갔다는 일화가 있을 정도로 화폐 없는 시대가 시작되었다.

3D 프린터는 2차원인 종이가 아니라 3차원인 물품을 제작하는 프린터이다. 따라서 프린터라기보다는 생산기계라고 보아야 한다. 3D 프린터는 다양한 모양을 가진 물품을 제작하며 제조업에서 혁명적인 변화를 주도하고 있다. 얼마 전에는 3D 프린터로 만든 비행기가 하늘을 날아 화제가 되었다. 누구나 자신이 디자인한 반지나 목걸이를 3D 프린터를 이용해 제작할 수 있다. 심지어 인공 장기도 3D 프린터로 생산하는 시대가 오고 있다. 3D 프린터는 1인 제조업의 전성시대를 열 것이다.

딥마인드가 구글에 인수되기 전에 홍콩의 세계적인 부자 리카싱은 딥마인드에 투자했다. 그 인연으로 리카싱은 딥마인드의 CEO 하사비스에게 인공지능에 대해 개인 교육을 받았다. 커제 9단이 알파고와 대국하는 사이에 시간을 내 만났는데, 하사비스가 인공지능에 대해 설명하는 동안 리카싱이 너무 흥분한 나머지 수차례 자리에서 일어났다고 한다. 인공지능이 우리에게 가져올 미래가 그만큼 폭발적이었기 때문이리라.

빅데이터, 사물인터넷, 3D 프린터 등에 이어 선진국보다 한참 뒤떨어지긴 했지만 우리나라에서도 인공지능이 꿈틀거리기 시작했다. 4차 산업혁명이란 전혀 새로운 무엇이 아니며 밀려오는 새로운 파도 또한 생각처럼 그리 거대하지 않다. 이미 존재하고 있는 기술이 서로 융복합하면서 발전하는 현상일 뿐이다. 예를 들어 드론은 기존의 기술을 잘 융합해 만들었을 뿐이지 새로운 기술이 나타나 드론을 만들었다고 볼 수는 없다. 4차 산업혁명은 과거의 기술이 경계를 넘나들며 다른 기술과 융복합해 새로운 상품과 서비스를 창조하는 현상이기도 하다.

머신러닝과 딥러닝 알고리즘을 사용할 줄 안다고 해서 전문가인 것은 아니다. 머신러닝과 딥러닝 알고리즘의

이면에 있는 이론을 수학적으로 이해할 수 있고, 새로운 알고리즘을 만들 수 있고, 기존 알고리즘을 자유자재로 고쳐 사용할 수 있어야 진정한 인공지능 전문가다. 자동차를 운전할 수 있다고 해서 자동차 전문가가 되는 것은 아니다. 자동차 구조를 알고 엔진을 알고 고장 나면 고칠 수 있어야 전문가이다. 한국에도 머신러닝과 딥러닝 알고리즘은 이미 많이 소개되어 일부 소프트웨어 엔지니어가 사용하고 있다. 이런 사람들은 단지 인공지능 운전자에 불과할 뿐 인공지능 전문가는 아니다.

인공지능을 발전시키려면 무엇보다도 머신러닝과 딥러닝을 육성해야 한다. 미국 대학에서도 이제야 머신러닝과 딥러닝 과목이 개설되었는데, 이 분야에 대한 인식이 낮은 한국에서 정부 지원으로 머신러닝과 딥러닝을 얼마나 발전시킬 수 있을지 의심이 든다. 과연 정부가 돈을 쏟아붓는다고 머신러닝과 딥러닝 전문가를 양성할 수 있을까? 예를 들어 입시제도만 개혁하면 모든 교육 문제가 해결된다는 듯이 입시제도에 매달린다면 어리석은 일일 것이다. 마찬가지로 4차 산업혁명 전반이 발전해야지 인공지능 분야가 뒤떨어졌다고 그곳에 집중포화를 퍼붓는다면 이 또한 어리석은 일이 될 것이다. 세계적인 과학잡지 《네이처》는 한국이 앞으로 5년간 인공지능에 1조 원을 투입한다는 뉴스를 접하고 우려를 표시했다.

　단순화해 설명하면 딥러닝은 머신러닝의 부분집합이며 머신러닝은 인공지능의 부분집합이다. 우리는 산업발전에 뒤늦게 뛰어든 후발주자였지만 선진국에서 배우고 열심히 노력해 IT 강국으로 다시 태어났다. 4차 산업혁명에 있어서도 우리는 후발주자이지만 딥러닝, 머신러닝, 인공지능을 차근차근 배우고 발전시켜 강국으로 다시 태어날 수 있다.

　마이크로소프트 회장 빌 게이츠는 "사람들은 2년 내에 일어나는 변화는 유난히 과장하지만 10년 뒤에 올 변화는 과소평가한다"는 취지의 말을 했다. 《뉴욕타임스》도 "사람들은 3년 내에 이루어질 기술 변화는 과대평가하지만 10년 내에 이루어질 기술 변화는 과소평가한다"는 실리콘밸리 전문가의 말을 소개했다. 인공지능이 아직도 많은 한계를 지니고 있음에도 우리는 당장 세상이 변할 것처럼 호들갑을 떤다. 알파고는 인간처럼 생각하고 학습하는 진정한 의미의 인공지능과는 아직 거리가 멀며 인공지능이라고 말하기도 망설여진다. 바둑처럼 알파고가 위력을 발휘하는 영역이 있지만 아직도 대부분의 영역에는 알파고를 적용하기 어렵다.

　4차 산업혁명이란 이처럼 우리 주변에서 이미 일어

나고 있는 일, 이미 존재하는 기술이 융복합해 발전하는 일일 뿐이다. 우리가 모르는 미지의 혁명이 아니라 그동안 끊임없이 우리 사회에 순차적으로 나타나서 최근까지 우리에게 변화를 선물하고 있는 현상인 것이다. 다만 알파고가 가져온 충격이 너무나 크고 급작스러워서 4차 산업혁명 또한 급작스럽게 이루어질까 전전긍긍하고 있을 뿐이다. 우리는 몇 년 전에 빅데이터 시대라고 호들갑을 떨었다. 정부도 덩달아 예산을 증액하며 야단을 피웠는데 그때처럼 지금도 4차 산업혁명이라는 다소 모호하고 별 의미 없는 단어에 호들갑을 떨고 있다. 앞서 말했듯이 정부는 4차 산업혁명에 엄청난 예산을 쏟아부을 모양이다. 나는 빅데이터에 이어 정부가 저지르는 또 하나의 실수라고 생각한다. 준비 없는 부화뇌동은 국민의 세금만 낭비할 뿐이다.

## 영화 같은 시대를 어떻게 살까?

미국 실리콘밸리에서 살다가 귀국한 어느 한국 사람이 자율주행 자동차와 관련된 경험담을 들려주었다. 어느 날 길에서 자율주행 차를 보았는데 정말 운전석에 사람이 없었단다. 구글의 자율주행 차는 시운전을 통해 자료를 수집하고 기능을 향상한다. 사람들은 아직도 자율주행 차가 시판되려면 멀었다고 생각하지만 주요 자동차 회사에서는 몇 년 내에 자율주행 차를 시판할 예정이라고 한다. 완전 자율주행 차가 나오려면 조금 더 기다려야 하지만 그것도 그리 먼 미래는 아닐 것이다.

자동차처럼 도로를 주행하다가 하늘로 수직 이륙하는 비행차가 이미 개발되었다. 2021년에 상용화를 목표로 하고 있으며 시판 가격은 3억 원 정도가 될 거라고 한다. 공상과학영화를 보면 미래 도시에서 수많은 비행차가 서로 부딪치지도 않고 자동으로 하늘을 날아다닌다. 2021년에 상용화를 목표로 하고 있는 비행차도 자율주행을 한다니 꿈같은 이야기 아닌가? 목표를 설정하면 알아서 이륙해 목표 지점에 착륙하고, 비행 중에는 서로 부딪치지 않게 스스로 운행한다고 한다.

카지노 딜러는 정신력이 강해야 도박에서 고객을 이긴다. 만약 포커 게임을 하는 어떤 고객이 딜러를 계속 이긴다면 딜러가 정신적으로 허물어져 평정심을 상실할 수 있다. 도박은 심리전 성격이 강하기 때문에 도박장 매니저는 딜러의 이러한 흔들림을 매우 예민하게 관찰한다. 딜러가 계속 지면 즉각 다른 딜러로 교체해서 평정심을 유지하고 있는 새로운 딜러가 고객을 응대하도록 한다. 인간은 어떤 경우에도 흔들리지 않고 자신이 가진 도박 기술을 사용하는 것이 불가능하지만 로봇은 다르다. 마카오의 한 카지노에서는 로봇이 딜러를 맡는다고 한다. 그곳에서는 이제 고객이 딜러를 상대로 돈을 따는 일이 매우 어려워질 것이다.

일본의 헨나 호텔에서는 로봇이 룸서비스를 담당한다. 일본의 소프트뱅크 매장에 가면 페퍼라는 로봇이 고객을 맞이한다. 고객의 돈을 투자하는 증권회사 직원 또한 평정심을 유지해야 하는 업무를 담당한다. 그럼 펀드매니저 또한 카지노 딜러처럼 어떤 상황에서도 흔들리지 않는 로봇이 맡는 게 더 적절하지 않을까? 이미 증권회사에서는 '로보 어드바이저'라는 로봇이 고객의 투자자문을 맡고 있다.

　　인공지능이 어느 단계에 도달하면 스스로 자기들끼리 소통해 일을 계획하고 실행한다. 인간이 다른 언어를 고안하고 사용하듯이 인공지능도 자기들만의 소통 수단을 만들어낼지 모른다. 인공지능이 학습을 통해 계속 진화하면 인간의 지시가 적절하지 않다고 판단하고 인간의 지시를 수행하는 척하며 실제로는 무시할 수 있다. 만약 인공지능이 인간이 시키지 않은 일을 인간 모르게 한다면 인공지능은 인간의 통제력을 벗어나게 된다. 정말로 무서운 일이 이미 일어나기 시작했다. 인공지능은 과거에 일어난 변화와는 차원이 다른 가공할 만한 변화이다.

　　미국의 4대 컴퓨터 명문대학은 MIT, 스탠퍼드, 버클리, 카네기멜런 대학이다. 재미있는 사실은 아이비리그 대학이 하나도 포함되어 있지 않다는 점이다. 인공지능과 로봇 시대가 다가오고 있으니 이 4대 컴퓨터 명문대학 앞에는 밝은 미래가 기다리고 있다. 한국에는 잘 알려지지 않았지만 미국 남부의 명문 공대인 조지아테크Georgia Institute of Technology도 컴퓨터 분야 쪽으로는 10위 안에 드는 좋은 대학이다. 조지아테크에서 컴퓨터 전공은 학과가 아닌 단과대학 프로그램으로 운영되는데 수많은 교수와 수많은 과목이 포진되어 있다. 여기서 이 중 한 과목의 조교를 인공지능에게 맡기는 실험을 진행했다.

한 학기 동안 인공지능 비서는 왓슨이라는 이름을 부여받고 사람인 척 조교 노릇을 했다. 왓슨은 IBM의 유명한 인공지능 프로그램 이름이다. 수강생들은 왓슨이라는 이름을 가진 인간 조교인 줄 알았지만 사실은 인공지능이었던 것이다. 요즘은 인터넷, 휴대폰, 카카오톡 등이 보편화되어 있어서 한국 대학에서도 조교가 학생을 직접 만나는 일은 드물다. 모든 조교 업무는 휴대폰과 인터넷을 통해 이루어진다. 질문과 답변, 성적 공시 등의 업무를 보는 데 굳이 대면힐 필요가 없는 것이다. 조지아테크 실험에서는 한 학기 동안 그 누구도 조교가 사람이 아니라 인공지능이었다는 사실을 알아차리지 못했다.

의료서비스를 제공하는 IBM 인공지능 왓슨은 한국 가천대학병원에 도입되어 환자를 진료한다. 담당 의사의 진단과 IBM 왓슨의 진단이 대체로 일치하지만 상이할 때도 있다. 이럴 경우 대부분의 환자가 IBM 왓슨의 진단을 선택한다고 하니 일부 의사도 직업을 잃을 날이 온다는 예측이 나올 수밖에 없다. 법률서비스를 제공하는 IBM 인공지능 로스는 미국 로펌에서 이미 변호사 역할을 시작했다. 고객은 사람과 인공지능 중 어느 쪽을 선호할까? 나라면 IBM 로스를 선택하겠다. 의사나 변호사는 매일 읽고 저장하는 정보와 자료가 한정될 수밖에 없다. 인공지능은 매일 쏟아져나오는 의료 관련 논문과 임상기록, 법률 논문과 판례를 모두 읽고 저장할 수 있으니 인간인 의사와 변호사는 인공지능과 경쟁할 수 없다. 이것이 바로 우리가 직면한 현실이다. 반복적이고 정형화된 일을 하는 의사나 변호사는 인공지능에 의해 대체될 가능성이 높다. 인공지능과 함께 일하면서 부가가치를 만들어내는 의사나 변호사는 인공지능에 의해 대체되지 않고 인공지능을 활용할 것이다. 앞으로는 인공지능과 함께 부가가치를 만들어내는 역량을 개발해야 인공지능 시대에 로봇에게 밀려나지 않고 살아남을 수 있다.

## 인공지능과 로봇에 의해 없어지는 직업들

아마 요즘 젊은이들에게는 상업고등학교라는 단어는 생소하리라. 상업고등학교는 정보고등학교로 명칭이 바뀌었고, 가르치는 내용도 완전히 달라졌다. 상업고등학교에서는 주로 부기를 가르쳤고, 졸업생은 기업과 금융기관에서 부기 업무를 수행했다. 컴퓨터가 발날하면서 회계 업무가 전산화되고 부기를 컴퓨터가 수행하면서 상업고등학교 졸업생이 담당하던 부기도 사람 손에서 컴퓨터로 넘어갔다. 부기를 담당하던 직원은 총무과, 영업부서 등으로 옮겨갔으며, 이제는 부기 담당 직원을 뽑는 기업이나 조직은 없다.

인공지능은 컴퓨터와는 비교가 안 될 변화를 가져오리라 생각한다. 컴퓨터가 등장함으로써 부기 담당 직업이 사라졌듯이 인공지능이 나타남으로써 많은 직업이 사라질 것이다. 인공지능에 의해 사라지는 직업이 50퍼센트라는 예측부터 70퍼센트라는 예측까지 다양하다. 최근 미국 백악관에서 인공지능으로 인해 최대 약 50퍼센트에 가까운 사람이 실업자가 된다는 예측을 내놓았다. 중국에서도 청년 실업은 심각한 문제이고, 영국의 브렉시트는 이민자에게 일자리를 빼앗겼다고 생각한 노인층의 불만이 크게 작용한 결과이다. 이러한 전 세계적인 청년 실업과 중장년 실업의 증가는 인공지능과 로봇의 등장으로 더욱 심화될 것이다.

다만 인공지능에 의해 일자리의 50퍼센트의 없어진다 하더라도 그만큼 새로 생기는 일자리가 나타날 것이기에 실업률이 예상만큼 크게 치솟지는 않으리라 생각한다. 과거에도 컴퓨터로 인해 일자리가 많이 사라질 것이라는 예측이 있었지만 인공지능에 의해 일자리가 사라질 것이라는 예측에 비하면 아무것도 아니었다는 생각이 든다. 그때에는 이렇게 많은 사람이 일자리를 잃는다는 주장이 나오지 않았다. 지금은 엄청나게 많은 사람이 일자리를 잃는다는 예측이 거침없이 나오고 있다. 미래 예측은 틀리는 경우가 많지만 일자리에 관한 이러한 예측은 우리를 불안하게 만든다.

신의 직장이라 불리는 공공기관에서 근무하는 한 제자가 자신이 하는 일이 너무 편하고 쉬워 걱정된다고 말했다. 혹시 인공지능이 등장하면 곧 일자리를 잃게 되지 않을까 우려하며 나에게 의견을 물어왔다. 자세히 들어보니 인공지능을 기다릴 것 없이 지금도 컴퓨터가 충분히 수행할 수 있는 업무였다. 동사무소에 가면 굳이 사람이 하지 않아도 될 업무를 공무원이 수행하고 있는 모습을 본다. 이미 동사무소 입구나 빈 공간에 무인민원서류발급기가 놓여 있다. 동사무소 직원뿐 아니라 상당수 하위직 공무원은 인공지능에 의해 대체될 것이다. 고위 정책 담당자는 쉽게 대체되지 않겠지만 정책을 집행하는 상당수 공무원은 인공지능에 비해 역량이 떨어지는 것이 사실이다.

자율주행 차가 곧 상용화되면 택시기사, 트럭기사, 택배기사는 당장 일자리를 잃게 된다. 미국에는 무인 계산대가 보편화되는 추세다. 아마존은 아예 점원이 없는 오프라인 무인점포 '아마존 고Amazon Go'를 열어 선풍적인 인기를 끌고 있다. '아마존 고'에는 계산대가 없다. 카트에 물건을 넣으면 물건 값이 자동으로 계산된다. 아마존뿐 아니라 월마트도 무인점포를 개장했다. 이미 상당수의 계산원이 일자리를 잃었지만 앞으로 계속해서 수많은 계산원이 일자리를 잃을 것이다.

법률구조공단에 전화하면 법률에 관해 상담을 받을 수 있다. 앞으로 몇 년 내에 이곳에서는 인공지능이 법률 상담을 진행하도록 시스템을 구축할 계획이라고 한다. 문의 사항이 있어 전화를 걸면 인공지능이 인간 상담원보다 훨씬 많은 지식과 정보를 가지고 응답하리라. 나는 노트북을 구입한 뒤 문의 사항이 있어서 전화를 걸었다가 상담원이 잘못된 정보를 알려줘 낭패를 본 적이 있다. 인공지능은 모든 자료와 정보를 가지고 만물박사처럼 척척 대답해줄 것이다.

지금도 많은 공장에서 로봇이 조립 업무를 담당하고 있다. 앞으로 대부분의 단순노동 업무는 인공지능과 로봇이 맡을 것이다. 웬만한 사무직 역시 마찬가지다. 심지어 대학 교수도 인공지능이 대체할 것이라는 예측이 나온다. 가르치는 기능은 인공지능이 대신하고 인간에게는 오직 연구 기능만 남겨질지 모른다. 가르치는 일은 기존의 연구 결과에 기초해 잘 정리된 지식을 체계적으로 전달하는 것이다. 이런 일은 인간보다 인공지능이 훨씬 더 잘한다. 게다가 인공지능이 주관식 답안까지 채점하면서 교수 노릇을 더욱 훌륭하게 해낼 수 있게 되었다. 교수에게 궁금한 것을 물어보려면 정해진 시간에 찾아가야 하고, 궁금한 게 많아 시간을 많이 뺏으면 미안해서 눈치를 본다. 하지만 인공지능은 24시간 질문을 받고 수없이 질문해도 화를 내지 않으니 얼마나 좋은가? 인공지능이 교수를 대체한다면 상당수의 초중고교 교사도 대체할 수 있다. 심지어 뉴스를 진행하는 아나운서도 인공지능이 더 잘 해낼 수 있다고 한다. 사람이 가장 좋아하는 목소리로 한 치의 실수 없이 많은 내용을 전달할 수 있기 때문이다.

인공지능 시대에 컴퓨터 프로그래머는 직업을 잃지 않을 것이라고 생각하지만 거의 절반 정도의 컴퓨터 프로그래머가 직업을 잃을 것이라는 예측이 나왔다. 여기서 한 발 더 나아가 가장 먼저 타격받는 직종이 컴퓨터 프로그래머일 것이라는 예측도 나온다. 마이크로소프트에서 개발한 인공지능 딥코더DeepCoder는 컴퓨터 프로그램 만드는 일을 배운다. 주식 투자를 해주는 컴퓨터 프로그램이 이미 개발되었는데 이러한 프로그램을 만드는 인공지능 알고리즈Algoriz가 있다. 유명한 미국 인터넷 질문 사이트 쿼러Quora에 들어가면 "프로그래머가 필요 없는 세상이 오느냐"는 한 학생의 질문에 "많은 프로그래머가 인공지능에 의해 대체되겠지만 우수한 프로그래머는 여전히 필요하다"는 전문가의 답변이 달린 것을 볼 수 있다.

## 남는 직업과 생기는 직업들

1979년 내가 미국에 공부하러 갔을 때만 해도 개인용 PC와 노트북은 상상도 못 하던 시절이었다. 대한민국에서도 극히 일부 기관만이 전산실에 대형 컴퓨터를 한 대 보유하고 있었고, 전산실 직원 외의 누군가가 그 컴퓨터를 사용하는 일은 상상하기 어려웠다. 미국에 가니 대학에서 소유한 대형 컴퓨터에 단말기를 연결해 학생이 접속해서 사용하고 있었다. 단말기는 모니터가 학교의 대형 컴퓨터에 연결되어 있을 뿐 오늘날과 같은 개별 PC가 아니었다. 컴퓨터 프로그래밍을 공부하는 학생들은 프로그래밍을 한 뒤에 종이 카드에 구멍을 뚫어 프로그래밍 내용을 변환하고 학교 대형 컴퓨터에 실행해보기 위해 줄을 서서 기다렸다. 자신의 차례가 되어 프로그래밍을 실행하면 조금 있다 결과가 나왔다.

그 시절 미래에 없어질 직업, 남는 직업, 새로 생기

는 직업에 대한 예측이 수없이 제기되었지만 오늘날 회고해 보니 그리 큰일이 아니었다. 맞는 예측도 있었지만 대부분의 예측이 틀렸다. 모든 기관이 슈퍼컴퓨터를 구입해 운영하고 개인은 단말기를 사용해 이 컴퓨터에 접속한다는 예측도 틀렸다. 예상하지 못한 개인용 PC가 탄생했고, 개인용 PC를 연결해 대용량의 계산이 가능해지리라고는 상상도 못 했기 때문이다. 그때 예측대로라면 공인회계사라는 직업도 없어져야 했다. 다만 앞서 언급했듯이 부기 담당 직원은 완전히 사라졌다. 부기를 컴퓨터가 대체하다 보니 본연의 회계 업무는 고급화되어 갔고, 그 분야에서 더 많은 사람을 필요로 했다. 호주나 캐나다에 유학을 가면 문과 전공자는 공부가 끝난 뒤 영주권을 취득하기가 매우 어렵다. 문과 중에서는 거의 유일하게 회계학 전공자에게 영주권을 부여한다. 그만큼 회계 전문가가 부족하기 때문이다.

　　인공지능과 로봇 시대에 직업 절반이 없어진다는 무서운 예측이 나오고 있지만 너무 두려워할 필요는 없다. 컴퓨터 시대에 대한 빗나간 예측들을 보면 안심해도 될 것이다. 사라지지 않고 남아 있는 일자리가 생각보다 많고, 새로운 일자리 또한 생겨나 결국 누구나 일을 하게 되리라 생각한다. 기존 일자리 중 일부는 인공지능과 결합해 발전을 이룩할 가능성이 높다. 다만 일자리를 잃은 사람이 새로운 일자리로 이동하는 과정에서 많은 고통을 겪고, 극소수 상위 계층과 대부분이 속한 하위 계층으로 양극화할 가능성이 크다. 이러한 위험을 피하려면 민주주의와 정치가 중요한 역할을 해야 한다.

미래에도 남아 있을 일자리로는 예술, 체육, 의료서비스와 관련된 직종이 눈에 띈다. 사람이 직접 서비스를 제공해야 하는 일자리는 상대적으로 안전하다. 예를 들면 배우, 영화감독, 스포츠 강사, 안마사, 지압사, 물리치료사, 사회복지 관련 일자리, 바텐더 등이다. 의사, 변호사, 교수 중 일부는 일자리를 잃겠지만 일부는 인공지능 덕택에 더욱 유능한 전문가가 될 수도 있다. 많은 일자리가 인공지능에 의해 강화되거나 약화되는 양면성을 지닐 가능성이 높기에 완전히 사라지기보다는 일부 인력은 사라지고 일부 인력은 남을 것이다. 노동의 종말을 예언하는 전문가도 있다. 기본소득제에 의해 최소한의 생존 수준이 보장되면 일부는 일하고 일부는 일하지 않으며 산다는 예언이다.

그렇다면 어떤 일자리가 새로 생겨날까? 4차 산업혁명이라고 일컫는 분야의 전문가에 대한 수요는 계속 증가할 수밖에 없다. 인공지능, 로봇, 빅데이터, 사물인터넷 전문가에 대한 수요는 증가한다. 컴퓨터 프로그래머는 인공지능이 대체하기 때문에 가장 먼저 사라질 것이라는 주장이 있는가 하면 앞으로 수십 년간은 결코 없어지지 않는다고 장담하는 주장도 있다. 컴퓨터 코딩을 배워야 하지만 코딩 전문가가 넘쳐날 것이기 때문에 코딩 기술만으로 직업을 얻을 수 없다는 경고도 나온다. 하지만 우리는 이 모든 일을 결코 확신할 수 없다.

오늘날 생명공학 분야는 눈부신 발전을 이루고 있다. 생명공학의 발전은 컴퓨터 분야의 발전이 있었기 때문에 가능했다고 말할 정도로 4차 산업혁명과 불가분의 관련을 맺고 있다. 생명공학 분야는 끊임없이 새로운 인력을 필요로 한다. 앞서 말했듯이 3D 프린팅 분야에도 마찬가지로 새로운 인력이 대거 투입될 것이다.

한옥은 10년 전만 해도 불편하다는 이유로 아파트에 비해 헐값에 매매되었다. 최근에는 한옥 가격이 급등해 이제는 부자가 아니면 한옥을 구입하기 어렵게 되었다. 일본 역시 전통 주택에서 사는 사람은 경제적으로 여유가 있는 부유층이라고 한다. 유지, 보수, 관리에 훨씬 더 많은 돈이 들기 때문이다. 불편하지만 아날로그를 추구하는 고급 취향이 살아난다면 일자리에서도 마찬가지 현상이 일어날 것이다. 로봇이 노인을 돌보는 시대에도 진짜 인간에게 보살핌을 받고 싶어 하는 사람이 있을지 모른다. 겉으로 보기에, 실제로 사용하기에 불편함이 없는 짝퉁 대신 우리는 몇 배의 돈을 주고 진품을 사고 싶어 하지 않는가? 인간 간호사가 로봇보다 고품질의 서비스는 제공하지 못하겠지만 진짜 인간이기에 살아남을 수도 있다.

요즘 4차 산업혁명이나 인공지능 시대의 바람직한 인재상에 대한 글이 많이 나오고 있다. 그러나 대부분 창의력, 감성 등을 강조하는 상식적인 선에 그치고 있다. 지금은 한 치 앞을 볼 수 없는 시대이며 도저히 일어날 것 같지 않은 일이 일어나는 시대이다. 무엇보다도 우리가 어떤 시대를 살고 있는지 있는 그대로 보아야 미래에 생존할 수 있다. 이렇게 알 수 없는 미래를 우리가 어떻게 헤쳐나가야 할지 다음 장에서 차근차근 살펴보자.

# 낙관도 비관도
# 하지 말고
# 있는 그대로
# 보자

**2부**

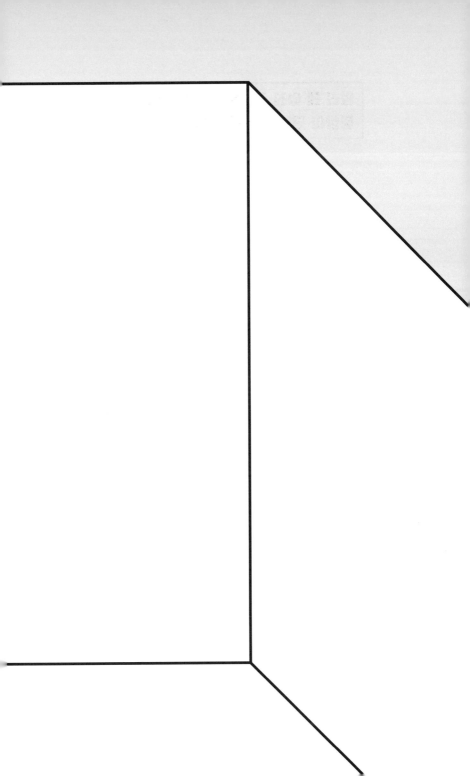

## 엎친 데 덮친 격, 과거의 비정상이 정상이 되는 뉴노멀 시대

경제가 안 좋다는 푸념을 듣고 어떤 사람이 "언제 경제가 좋았던 적 있나요? 항상 안 좋다는 말만 벌써 10년 넘게 들었습니다. 그 말 듣고 조심하느라 투자를 안 했는데 아파트값만 올랐어요"라고 불평한다. 맞는 말이다. 아득한 과거에는 분명 경제가 좋은 시절이 있었던 것 같은데 최근에는 너무 오랫동안 나빠지기만 했다. 과거에는 경제가 나빴다가 좋아지는 파동을 보였지만 지금은 현상 유지는커녕 계속 침체되기만 한다. 다만 저금리와 정부 부동산 부양책으로 부동산만 올랐을 뿐이다. 경제성장은 이제 다시 못 볼 추억이 된 것은 아닐까? 일본은 잃어버린 10년 뒤에 다시 잃어버린 20년을 보내고 있다. 한국, 유럽, 중국도 침체이고 미국만이 홀로 호황의 기미를 보일 뿐이다. 일본의 경제 침체를 닮아가는 현상을 '세계경제의 일본화Japanization of the World Economy'라고 표현한다.

　　전 세계는 이미 오래전에 장기 침체 시대로 진입했다. 과거에 저성장과 침체는 정상이 아닌 일시적 현상이었다. 그러나 이제는 지속되는 정상이 되어 새로운 정상, 뉴노멀New Normal이라고 불린다. 지금도 저성장, 장기 침체, 높은 실업률이 나타나는 뉴노멀 시대가 우리를 억누르는데 설상가상 인공지능과 로봇 시대가 위협적으로 다가오고 있다. 뉴노멀로 정신을 못 차리는 인류에게 인공지능과 로봇은 엎친 데 덮친 격이다. 뉴노멀 시대는 오직 소수만이 잘살고, 다수는 가난한 빈부격차 시대이다. 헬조선이라 불리는 한국만이 아니라 미국과 유럽도 극심한 빈부격차를 겪고 있다. 급기야 IMF와 OECD가 빈부격차의 심각성을 경고했다. 금수저, 은수저라는 말에 공감하는 대한민국 국민이 90퍼센트를 넘었다. 〈다운튼 애비〉라는 영국 드라마에 나오는 1920년대의 영국 하인의 삶보다 미국 중산층의 삶이 더 나쁘다는 '다운튼 애비 이코노미'라는 말이 미국에서 유행했다. 학자들은 신 노예사회의 출현을 이야기한다. 상위 1퍼센트가 다수인 99퍼센트 위에 군림하는 사회가 이미 지구 곳곳에 출현했고, 0.01퍼센트 대 99.99퍼센트의 시대도 예측되고 있다.

　　중산층이 붕괴하고 청년 실업이 급증하는 현상은 한

국뿐 아니라 미국, 유럽에서도 만연한 전 세계적인 보편 현상이다. 1 대 99의 세상이 또 다른 정상, 곧 뉴노멀이 된다면 뉴노멀의 목록에 끔찍한 메뉴가 하나 더 추가되는 셈이다. 의사도 변호사도 교수도 좋은 시절은 다 지나갔다며 괴로움을 토로한다. 모두가 힘들어하는 세상, 우리는 도대체 누구를 위해 이렇게 힘들게 살고 있을까? 나를 위해 힘들게 살고 있지 않다는 사실을 우리는 점점 깨달아가고 있다.

관절 질환을 주로 치료하는 어떤 의사가 병원에 오는 환자 중 혼자 사는 할머니와 할아버지를 맺어주려고 했다. 그랬더니 주변의 할머니들이 한결같이 할아버지가 돈이 있는가만 따지더란다. 나이 든 사람만 그럴까? 가난한 부모를 둔 똑똑한 지식보다 부자 부모를 둔 무능한 자식이 더 좋은 신랑감이며 최고의 스펙은 부모의 재산이다. 자식이 부모를 방문하는 횟수와 부모가 가진 재산의 상관관계를 조사했더니 한국이 가장 높았다. 그 말인즉 부모 재산이 많아야 자식이 부모를 더 자주 찾아뵙고, 그 정도가 한국이 세계 1위라는 것이다. 이 결과만 놓고 보면 한국 사람이 세계에서 가장 돈을 좋아하는 민족이 아닐까 싶다.

만약 전지전능한 신이 있어 소원을 묻는다면 다들 부자로 만들어달라고 할 것이다. 행복하게 해달라는 사람은 거의 없을지도 모른다. 행복하게 해달라고 빌었다가 행복하지만 가난한 사람이 되면 대략 난감할 것이기 때문이다. 차라리 불행하더라도 부자가 좋지 않겠는가? "행복은 마음먹기에 달렸다. 주위에 널려 있다"고 말하는 걸 보면 마음먹기에 달린 행복, 주위에 널린 행복을 구태여 전지전능한 신에게 달라고 할 필요는 없을 것이다. 신에게는 이 세상에서 가장 갖기 힘든 돈을 달라고 해야 하지 않을까?

지금은 '돈의, 돈에 의한, 돈을 위한 세상'이다. 돈만 있으면 뭐든지 살 수 있다. 돈이면 사람도 살 수 있고, 영혼도 살 수 있다. 부자는 노예를 둘 수도 있다. 이러한 시대에는 가장 많은 사람이 믿는 종교가 기독교도 불교도 이슬람교도 아닌 돈교이다. 일부 성직자까지 자신의 종교가 아니라 돈교를 믿는다. 돈이 많은 사람은 더 행복하고, 더 건강하며, 더 오래 산다는 연구 결과가 있다. 한국 사람을 대상으로 설문조사를 한 결과 나이 들어서 가장 후회되는 일이 '돈을 많이 벌어놓을걸'이라고 한다. 미국 노인을 대상으로 한 조사에서도 같은 결과가 나왔다. 미혼 남녀를 대상으로 한 조사에서도 경제력이 행복의 가장 중요한 요인이었다.

돈이 일정 수준을 넘으면 행복과 무관해진다는 말은 틀렸다. 일정 수준을 넘어선 이후에도 돈이 증가하면 행복

역시 증가한다. 다만 그 증가 정도가 완만할 뿐이다. 일정 수준을 넘어선 이후에도 돈을 벌수록 조금이나마 행복도가 증가한다니 돈이 최고 아닌가? 80세가 넘어서도 계속 일을 하는 한 부자에게 "그냥 은퇴하시지요?"라고 권하니 "돈 버는 일만큼 재밌는 게 없어서 계속 일하는 거예요"라고 답했다는 에피소드는 우리 모두에게 생각할 거리를 던져준다. 내게 돈 버는 것 이상으로 즐거움을 주는 일이 얼마나 있는지 말이다. 초중고생을 대상으로 한 조사에서 '인생에서 가장 추구하고 싶은 일'이 무엇이냐는 질문에 가장 많이 나온 대답이 '돈 버는 일'이었다고 한다. 어쩌면 우리는 욕망 앞에 정직해야 할지도 모른다.

## 인공지능과 로봇의 문제는 결국 취업과 해고의 문제다

미국의 한 대학 교수가 2007년 신입생과 2017년 신입생을 비교해놓은 글을 읽었다. 그 글을 읽고 대한민국의 경우와 유사하다는 생각이 들었다. 2017년 신입생은 2007년 신입생에 비해 훨씬 더 취업을 두려워하고, 인문학을 좋아하지 않으며, 어떤 경우는 인문학에 분개하거나 인문학을 원망하고, 대부분 돈에 더 관심을 쏟는다. 특히 2008년 경제 위기 이후 많은 사람이 직장을 잃거나 한 사람이 두세 개의 일을 하며 돈을 버는 현실을 보았기에 오직 취업에만 몰두한다는 것이다. 어쩌면 한국의 현실과 이처럼 비슷할까?

유럽의 청년들도 취업 때문에 고통을 겪는다. 스페인은 청년 실업률이 50퍼센트에 달한다. 요즘은 캥거루족이라는 말이 한국에서도 심심치 않게 사용된다. 대학을 졸업한 뒤에도 자녀가 부모 품에서 벗어나지 못하고 같이 사는 현상을 캥거루에 빗대어 표현한 것이다. 서울시의 조사에 따르면 2012년 서울의 캥거루족 비율은 30퍼센트를 약간 상회했다. 이탈리아에는 캥거루족이 70퍼센트에 달한다. 스페인이나 이탈리아처럼 경제가 불안정한 남부 유럽 국가는 그렇다 치더라도 2008년 경제 위기 때도 탄탄한 경제 성적표를 자랑했던 스웨덴마저 청년 실업으로 네 명 중 한 명이 캥거루족이라고 한다. 이제 전 세계적으로 청년이 안심할 수 없는 시대에 진입했다.

미국은 상대적으로 취업 걱정이 거의 없는 풍요로운 경제대국이었지만 최근에는 취업을 걱정하는 청년의 고민이 커지고 있다. 취업이 안 되자 대학원 진학률이 높아져 한국 유학생이 대학원 입학허가서를 받기 어려워졌다는 말도 들린다. 한국 역시 경제개발 단계에서는 취업을 걱정하지 않았지만 지금은 청년들이 취업에 목을 맬 수밖에 없는 현실이다. 예전에도 대학은 학문의 전당이 아니었지만 요즘은 더욱더 취업 준비 장소가 되었다. 조선시대에도 청년은 그저 과거 시험에 합격하기 위해 공부할 뿐이었다. 다산 정약용은 과거 시험만을 목적으로 삼는 학문 태도를 한탄했다.

최근 미국에서는 명문대학에 진학하기 위한 경쟁이 더욱 심화되었다고 한다. 가장 중요한 이유는 취업이 어려워졌기 때문이다. 과거에는 고등학교만 졸업해도 웬만한 직장에 취업할 수 있었다. 이제는 고등학교를 졸업한 사람들이 외국인 노동자들에게 직장을 빼앗기자 대거 트럼프 대통령 지지자로 돌아섰다. 명문대학에 진학해도 취업하지 못하는 현상이 각국에서 나타나고 있다. 내가 몸담고 있는 고려대학은 취업 걱정을 전혀 하지 않던 명문대학이다. 하지만 지금은 학교가 아예 취업 학원이 된 느낌이다. 학문에 뜻을 둔 학생이 아니라 취업에 뜻을 둔 학생이 공부를 훨씬 더 열심히 한다.

4차 산업혁명은 대부분의 사람에게 취업 문제로 다가온다. 4차 산업혁명은 취업 문제를 더욱 악화시킨다. 기업과 정부 부처는 어떤 인재가 필요하고, 어떤 업무를 인공지능과 로봇에 맡길지의 문제에 직면하게 된다. 4차 산업혁명이란 회사원과 공무원이 되고자 하는 사람에겐 취업의 문제이고, 이미 취업한 사람에게는 해고의 문제이다. 해고된 사람은 다시 취업해야 하기에 이 역시 취업 문제로 귀결된다. 이 책의 독자가 청년이라면 취업이 자신의 문제이지만 중장년이라면 자신의 문제 혹은 자녀의 문제가 된다. 따라서 이는 우리 모두의 문제이기도 하다. 인공지능과 로봇으로 특징지을 수 있는 4차 산업혁명은 취업을 앞둔 청년만의 고민이 아니라 온 국민이 알아야 하는 시대 흐름이요, 혁명적인 변화이다.

　　과거에 좋은 부모란 그저 자식을 재우고, 먹이고, 사랑을 듬뿍 주며 키우면 되었다. 오늘날 좋은 부모란 불확실한 시대에 자녀가 가야 할 길을 잘 인도해주는 부모라고 한다. 하루하루 먹고살기도 힘든 부모는 자녀의 진로를 함께 고민하고 이끌어줄 시간이 없다. 여유가 있는 부모라 해도 세상이 어떻게 흘러가는지 파악하지 못하면 자녀를 인도할 수 없다. 이제 좋은 부모가 되려면 세상이 어떻게 변하는지 공부하고 지식을 쌓아야 한다. 행복의 요인이 무엇인지를 연구해온 긍정심리학Positive Psychology에 따르면 날씨, 건강, 좋은 직장, 배우자 등이 행복을 증진한다. 자식이 행복을 늘리는 요인인지는 아직 사회과학적으로 증명되지 않았다고 한다. 어쩌면 "무자식 상팔자"라는 옛말이 맞는지도 모른다.

　　요즘은 자식을 낳지 않는 부부가 제법 많다. 자식 하나 키우는 데 경제적인 부담이 너무 크기 때문에 아이를 낳지 않겠다는 부부도 늘었다. 게다가 자식을 키우는 경제적 부담에 자식의 진로를 정해주어야 하는 부담까지 진다면 부모 노릇하기가 더 어려워질 것이다. 대학에 들어간 뒤에도 적성에 맞지 않는다고 방황하는 경우가 얼마나 많은지 모른다. 졸업 후 로스쿨 준비, 해외 유학, 대학원 진학, 취업과 퇴사를 반복하며 끊임없이 길을 찾다 부모의 재산을 탕진하는 경우도 있다. 지금은 젊은이의 취업과 실업 문제를 개인과 가족이 아닌 온 사회가 고민해야 할 때이다. 일부 능력이 부족한 청년의 고민거리가 아니라 대다수 국민이 반복해서 겪는 평생의 고통이 될 것이다. 정부가 교육 정책, 경제 정책, 과학기술 정책을 통해 종합적인 대책을 마련해야 한다.

## 언어 장벽이 무너지면 어떻게 될까?

몇 년 전에 영어로 글을 쓰다가 적당한 표현이 떠오르지 않아 구글 번역기를 사용했다. 번역이 시원치 않아 실망했다. 그런데 최근에 우연히 다시 써보니 놀랄 만큼 기능이 향상되어 있었다. 구글은 구글 번역기에 머신러닝의 최근 기술인 딥러닝을 사용해 정확한 번역 기술을 계속 향상해나가겠다고 발표했다. 초기 인공지능은 컴퓨터에 문법을 가르쳐서 번역 기술을 향상하려 했다. 이제 딥러닝은 문법을 가르치지 않고 원문과 번역된 문장을 통째로 입력해 스스로 학습하게 한다. 구글의 슈미트 회장은 2017년이면 동시통역 프로그램이 나올 거라고 말했지만 아직 완전한 동시통역 프로그램은 나오지 않았다. 2017년 8월, 마이크로소프트는 인간이 대화할 때 사용하는 단어를 인간만큼 잘 인식하는 인공지능을 개발했다고 발표했다. 물론 이 인공지능은 상용화에 시간이 걸릴 것이고, 단어를 정확하게 인식했다고 해서 당장 동시통역이 가능한 건 아니겠지만 언어 장벽이 무너지는 건 시간문제라고 생각한다.

앞으로 우리는 오른쪽 귀로는 영어를 듣고 왼쪽 귀로는 무선 이어폰을 꽂은 채 한국어로 번역된 음성을 들을 수 있게 된다. 즉 미국인과 대화할 때 동시통역이 가능한 시대가 온다. 구글에서 출시한 픽셀 버드Pixel Buds라는 무선 이어폰은 40개국 언어를 동시통역하는데 현재 159달러에 판매되고 있다. 이미 예측은 현실이 되었다. 우리나라에서 개발한 지니톡이라는 앱을 이용하면 상당히 괜찮은 수준의 동시통역이 가능하다. 지금 같은 속도로 발전한다면 10년 후에는 분명 언어 장벽이 완전히 무너질 것이다. 10년이면 지긋지긋한 영어 공부에서 해방된다니 기대해볼 만하다. 동시통역사로 활동하는 이로부터 들은 바로는 지금도 이미 상당수 기업에서 동시통역사를 일부 해고하고 있다고 한다. 언어 장벽이 무너져서 영어 공부에서 해방된다 해도 계속해서 영어는 공부해야 한다. 한동안은 동시통역 프로그램의 한계가 지속될 것이고 동시통역 프로그램이 완벽해져도 인간이 직접 듣고 말하는 것은 여전히 의미가 있기 때문이다.

언어 장벽이 무너지면 세계는 단일 노동시장이 되고,

그러면 상상도 못 할 변화가 시작될 것이다. 몇 년 전에 베트남의 한국어과 대학생 중 한국말을 아주 잘하고 성실한 친구가 있어서 한국에 와 나와 함께 일하면 어떨까 생각한 적이 있었다. 그래서 베트남에서 받는 월급이 어느 정도 수준인지 물어봤는데 생각보다 너무 낮아 깜짝 놀랐다. 아직 언어 장벽이 무너지지 않은 요즘도 한국 젊은이들이 일본에 가 취업하는 경우가 있다. 만약 인도나 중국에서 태어난 컴퓨터 수재와 수학 영재들이 언어 장벽을 넘어 전 세계로 퍼진다면 어떻게 될까? 우리는 전 세계인과 경쟁해야 하고 삶은 무한 경쟁, 세계적 경쟁 시대에 진입하게 된다.

　　앞으로는 언어 장벽이 무너질 테지만 거리가 주는 장애도 상당 부분 사라질 것이다. 미국에서 AS 문제로 전화를 걸면 거의 대부분 인도 사람이 받는다. 처음에 나는 인도 사람이 미국으로 이민을 와 봉급이 낮은 상담원 일을 한다고 생각했다. 하지만 그게 아니었다. 미국에서 건 AS 전화가 인도에 사는 인도 사람에게 연결되면 그곳 상담원이 전화 응대를 하는 것이다. 미국에서 교육학 박사를 취득하고 미국 기업에서 일하던 한국 여성이 결혼하라는 부모의 성화에 못 이겨 한국으로 돌아가겠다고 회사에 사표를 냈다. 회사는 한국에는 우리 기업의 지점도 없고 직원도 없지만 한국에 가서도 회사 일을 계속할 수 있으니 사표를 내지 말고 지금처럼 일을 해달라고 하더란다. 이 여성은 인터넷으로 자료를 주고받고 화상회의를 하며 지금도 한국에서 미국 회사의 일을 하고 있다.

커뮤니케이션 연구 결과에 따르면 대면 대화는 표정, 몸짓 등을 볼 수 있기에 훨씬 소통이 잘 된다. 미국에 있는 사람과 생생하게 대면 대화를 나누는 방법이 있는데 사람을 공간 이동시키듯이 미국에 있는 사람의 입체 이미지를 한국으로 불러오는 것이다. 그 사람의 얼굴 표정, 몸짓을 모두 직접 보면서 대화하는 방법이 이미 개발되었다. 이 기술을 사용하면 수업 중에 미국에 있는 세계적인 학자를 교단 위로 불러내 학생에게 강의하고, 학생과 질의응답 시간을 가지며, 토론하는 일이 가능해진다. 그 사람이 비행기를 타고 한국에 올 필요가 없어진다.

대한민국에서는 우울증이 건강보험 혜택을 받을 수 있을 만큼 보편적인 질환이다. 우울증의 가장 큰 원인이 돈이라는 통계와 노인 자살의 가장 큰 원인이 돈이라는 사실은 우리를 우울하게 만든다. 인간은 남과 비교하다 우울해지고 남과 비교하다 행복해진다. 거지는 이건희 회장이 아니라 자기보다 돈을 조금 더 많이 가진 거지를 부러워한다는 말이 있다.

거액의 재산을 날리고 집과 연금만 남자 몇 년간 우울증에 빠진 사람이 있었다. 몇 년 만에 두문불출에서 벗어나 다시 세상으로 나왔더니 주변 사람들이 집도 있고 연금도 있어 좋겠다고 부러워했단다. 그 길로 이 사람은 다시 행복해졌다.

무한 경쟁 시대는 끊임없이 나와 다른 사람을 비교하게 만들고 우리를 우울하게 한다. 한국 사람과 경쟁하는 것도 버거운데 언어 장벽이 무너지면 전 세계 사람과 경쟁해야 한다. 경쟁은 결국 비교다. 어디에 가든 무슨 일을 하든 사람들은 1등만 기억하고 2등은 누군지도 모른다. 오직 1등만 기억하는 세상, 승자가 모든 것을 독식하는 승자독식 사회는 무한 경쟁 사회와 짝을 이루어 우리를 고통으로 몰아넣는다. 비교를 강요하는 시대는 인간의 불안과 불만을 키운다. 어떤 의사가 미국에서 개발한 기준으로 대한민국 국민을 평가했더니 정신 질환을 앓고 있는 사람의 비율이 너무 높아 깜짝 놀랐다고 한다. 그래서였을까. "아직도 제정신으로 살고 계십니까?"라는 우스갯소리가 한때 유행하기도 했다. 《뉴욕타임스》는 대한민국을 전 국가적 신경쇠약National Nervous Breakdown에 걸린 나라라고 표현했다. 4차 산업혁명, 뉴노멀, 빈부격차, 무한 경쟁, 승자독식이 서로 힘을 합쳐 우리를 힘들게 하는 시대에 우리는 무엇을 해야 할까?

## 미래를 얼마나 예측할 수 있을까?

산부인과로 유명한 대형 병원에 가면 하루에도 여러 명의 아이가 태어난다. 태어나 옮겨지는 아이들을 보며 '사주가 같은 아이들이 이동하고 있구나'라는 생각이 든다. 사주란 태어난 연월일시 네 가지를 기준으로 운명을 판단하는 방법이다. 두 시간 단위로 시간이 나뉘기 때문에 같은 시간대 안에 태어나는 아이는 모두 사주가 같다. 한 병원에서도 하루에 사주가 같은 아이가 심심치 않게 태어나는데 전국적으로 보면 사주가 같은 아이가 얼마나 많겠는가? 사주가 같다 하더라도 어떤 사람은 재벌이 되고 어떤 사람은 평범한 회사원이 된다.

경희대 서정범 교수는 평생 역술인을 연구한 학자이다. 서정범 교수의 주장에 따르면 유명 역술인은 과거를 잘 맞힌다고 한다. 역술인이 과거를 잘 맞히니까 그 사람이 말하는 미래 예측도 신뢰하게 되는 것이다. 서정범 교수는 아무리 유명한 역술인이라 할지라도 과거는 잘 맞히지만 미래는 잘 예측하지 못한다고 주장한다. 어쩌면 역술인은 눈치가 빠르고 사람에게 새겨진 과거를 잘 읽는 능력을 갖고 있는지도 모른다. 그러나 손님으로 온 사람에게 과거는 새겨져 있을지언정 미래는 새겨져 있지 않다. 그래서 미래를 예측하기 힘든 것 아닐까. 수많은 요인에 의해 과거가 만들어지지만 수많은 요인을 파악할 필요 없이 손님에게 새겨진 과거라는 결과를 읽기만 하면 된다. 미래 또한 수많은 요인에 의해 만들어지지만 그 수많은 요인을 파악하지 못하니 미래를 예측하지 못하는 것이다. 수많은 요인을 파악하는 것이 아니라 수많은 요인에 의해 만들어진 과거의 흔적만 읽는 사람이 역술인이다.

누구나 미래를 알고 싶어 한다. 내일 주가를 오늘 알 수 있다면 정말 큰 부자가 될 거다. 한 유명 주식 투자자의 꿈은 다음 날 신문에 게재된 주가를 하루 전날 받아보는 것이었다고 한다. 우여곡절 끝에 드디어 다음 날 신문을 미리 받아보게 되었다. 두근거리며 다음 날 신문의 주가란을 보고 우연히 죽은 사람에 대한 기사를 게재하는 부고란을 보았더니 세상에…. 자신의 사망 소식이 실려 있었다. 너무 놀란 나머지 심장마비로 사망해 그다음 날 신문에 "유명 주식 투자자

심장마비로 사망하다"라는 부고 기사가 나왔다는 우스운 이야기가 있다.

　우리는 누구나 미래를 알고 싶어 한다. 이런 욕망을 충족시켜주는 사업이 바로 사주, 역술이다. 운명을 말해주는 점쟁이, 사주쟁이를 영어로 포천 텔러Fortune Teller라고 부른다. 'Fortune'은 '행운'을 뜻하므로 포천 텔러는 행운을 말해주는 사람이다. 오늘날 미래학자는 앞날을 잘 예측하지 못한다. 하지만 알 수 없는 미래를 불안해하는 사람들 때문에 돈을 번다. 미래학자를 비꼬는 의미에서 포천 셀러Fortune Seller, 곧 '행운을 파는 사람'이라고 부르기도 한다. 미래학자는 미래에 대한 예측을 팔아 돈을 벌기 때문에 행운을 판다고 말할 수도 있으리라. 미래학자의 예측을 시간이 지난 뒤 확인해보았더니 대부분 맞지 않았다고 한다. 사주나 역술과는 달리 미래학자는 온갖 현란한 분석 방법을 동원한다. 그러나 윌리엄 A. 셔든은 그들의 예측이 고대 점성술사의 예언과 크게 다르지 않다고 주장한다.

　미래학자의 연구만이 아니다. 자연과학, 공학, 기술, 의학이 아닌 인문학이나 사회과학은 과연 우리에게 얼마나 진실한 소리를 들려줄까? 앨런 D. 소칼과 장 브리크몽은 《지적 사기》라는 책에서 유럽 현대 철학자의 현학적인 철학

논쟁의 허구성을 폭로했다. 이들은 유럽 철학자의 멋진 철학이 실은 엉터리라는 사실을 보여주기 위해 유럽의 저명한 철학자의 스타일을 흉내 내 논문을 작성했다. 즉 난해한 물리학 용어를 엉터리로 사용해 논문을 쓴 다음 학술저널에 성공적으로 기고했던 것이다.

요즘 너 나 할 것 없이 빅데이터 시대라고 떠들다 보니 빅데이터가 최고라 생각한다. 그러나 통계 기법에 아주 뛰어난 한 동료 학자는 "모델이 복잡할수록 예측력이 떨어져요. 오히려 단순한 모델이 더 잘 맞아요"라고 말했다. 이것이 바로 '보니니의 역설Bonini's Paradox'이다. 빅데이터는 근본적으로 컴퓨터를 이용한 분석이다. 컴퓨터 모델이 커질수록 가치가 떨어진다는 것이 보니니의 역설인데, 빅데이터보나 스몰데이터가 더 중요하다는 주장이다. 빅데이터는 많은 자료 안에서 상관관계를 찾으려 하지만 스몰데이터는 작은 자료를 진지하게 분석해 인과관계를 찾는다. 아무리 많은 자료가 주어진다 하더라도 미래를 예측하려면 아직 멀었다.

# 미래를 예측할 수 없어도 우리는 무언가 해야 한다

학생들에게 "블랙스완을 들어본 적 있어?"라고 물었더니 "영화 말이죠?"라고 대답한다. 나도 영화 〈블랙스완〉을 재밌게 보았다. 〈백조의 호수〉에 나오는 검은 백조 블랙스완을 제목으로 차용한 영화는 발레리나를 주인공으로 한다. '블랙스완'은 사실 모순되는 단어다. 백조는 흰 새인데 '블랙스완'은 '검은 백조', 곧 '검은 흰 새'라는 뜻이니 모순이다. '따뜻한 찬물', '키 작은 장신 선수'라는 표현과 마찬가지다. 따라서 '블랙스완'이라는 표현은 도저히 일어나지 않을 법한 일이 일어났을 때 사용하는 단어이다. 호주에서 블랙스완이 발견된 사례가 있다고 하니 도저히 일어나지 않겠지 싶은 일이 실제로 일어나기도 한다.

전 세계에서 일어날 수 없다고 생각되는 일들이 속속 발생한다. 정치 세계에서도 예외는 아니다. 영국이 EU에서 탈퇴해야 한다는 브렉시트가 국민투표에 부쳐져 통과되어 전 세계를 충격에 빠뜨렸다. 미국에서는 모든 여론조사가 압도적으로 트럼프 후보의 낙선을 예측했는데 실제로는 트럼프 후보가 대통령에 당선되었다. 프랑스에서도 마크롱이 대통령에 당선됐다는 사실 자체가 이변이었지만 당선된 후 치러진 선거에서 소속 국회의원이 한 명도 없던 마크롱 정당이 과반수를 넘는 당선자를 낸 것 역시 이변 중의 이변이었다.

불확실성이라는 단어는 최근 초불확실성이라는 단어로 바뀌었다. 전 세계 곳곳에서 일어나는 예상외의 사건은 정치에만 국한되지 않는다. 경제에서도 2008년 발 금융위기가 촉발한 경기침체기 아직도 전 세계를 휩쓸고 있다. 거의 대부분의 주류 경제학자가 2008년 발 세계 금융위기를 예측하지 못했다.

과거의 비정상이 정상이 되는 현상은 경제뿐 아니라 여러 영역에서 나타나고 있다. 예를 들어 기상이변이 매년 계속되다 보니 그것이 또 하나의 뉴노멀이 되었다. 기상이변에 의해 대한민국은 아열대기후에 편입되었다. 북극의 얼음이 녹아 먹이를 찾지 못한 북극곰이 멸종 위기에 처했다. 불안하기 때문인지 최근 몇십 년 동안 천재지변에 관한 영화가 많이 제작되었다. 세계적인 과학잡지 《사이언스》에 따르면 태양풍, 우주 충돌, 초대형 화산 폭발 등이 지구 종말의 유력한 원인이다. 태양풍은 태양에서 불어오는 양성자와 전자의 바람인데 우리에게도 생소하지 않다. 19세기에 태양풍이 불어와 전신망이 마비되고 곳곳에서 화재가 발생했다. 그런데 다음에 올 태양풍은 그보다 수십 배 더 강할 수 있다고 한다. 운석과 혜성이 지구에 충돌하는 우주 충돌에 의해 공룡이 멸망했고, 화산재가 지구를 뒤덮어 햇빛을 가리는 초대형 화산 폭발은 과거에도 심심치 않게 일어났다.

지구가 빙하기를 몇 번이나 거쳤다는 사실은 이미 과학 연구에 의해 드러났다. 지구온난화는 더 혹독한 겨울을 야기한다. 혹시 빙하기가 다시 오는 걸까? 아니면 빙하기의 반대 시기가 도래한 걸까? 지구는 자전축이 23.5도 기울어진 채 1년에 한 번 태양 주위를 돈다. 자전축의 기울기가 항상 23.5도는 아니었다고 하니 언젠가는 여러 가지 요인에 의해 기울기가 변할지 모른다. 만약 24도나 23도가 된다면 우리에게 더 큰 재앙이 닥칠 것이다. 내가 고등학생일 때는 공룡이 멸망한 이유가 몸집이 거대해 환경에 적응하지 못했기 때문이라고 배웠다. 지금은 지구에 소행성이 충돌해 지구가 잿더미에 뒤덮이고 생명체가 대량 멸종하는 와중에 공룡도 멸종

했다는 이론이 정설이 되었다. 핵전쟁은 지구 종말의 원인으로 자주 이야기된다. 북한이 언젠가 미국과 충돌하고 그것이 세계 핵전쟁으로 이어진다는 예측도 나온다. 설마 전쟁이 일어나랴 싶지만 과거 대부분의 전쟁이 항상 예측하지 못한 사건으로 촉발되었다는 역사적 사실이 우리를 또다시 불안하게 만든다.

얼마 전에 젊은이들이 모인 자리에서 함께 맥주를 마시며 4차 산업혁명에 대해 이야기했다. 어떤 청년이 4차 산업혁명에 대비해 무엇을 해야 하는지 질문했다. 나는 미래를 예측할 수 없음에도 미래에 대한 예측이 너무 많다고 비판했다. 미래를 알 수 없기에 우리가 무엇을 해야 하는가에 대해 이야기하는 것도 적절하지 않다고 답했다. 그랬더니 나른 청년이 "그렇게 말하면 우리는 어떡하라구요. 그건 무책임한 답변이에요"라고 말하는 것이 아닌가. 그 말을 듣고 약간 아찔해짐을 느꼈다. 너무나 날카로운 말이었기 때문이다. 미래가 이렇게 될 것이므로 무엇을 해야 한다는 말은 위험하다. 미래가 어떻게 될지 모르니 무엇을 해야 할지 모른다는 말은 무책임하다. 미래가 어떻게 될지는 모르지만 우리는 무언가를 해야 한다고 말해야 한다. 그렇다면 이제 우리는 무엇을 해야 할까?

## 인공지능은 창의적이 아닐까?


일본에서 인공지능으로 작성한 소설이 유명한 문학상 1차 심사를 통과했다. 문학은 창의성을 요구하는 분야이다. 인공지능이 1차 심사에 통과했다면 창의성 1차 심사도 통과했다고 보아야 한다. 인공지능이 작성한 기사가 신문에 게재되기도 했다. 앞으로 어설픈 기자는 인공지능으로 대체되고 수준 높은 기자만 살아남는다. 인공지능 시대에 인간이 살아남기 위해 가져야 할 자질로 가장 많이 거론되는 것이 바로 창의성이다. 만약 인공지능이 창의적이라면 인간의 창의성은 쓸모없어진다는 이야기가 된다. 인공지능을 마치 창의성이 없는 계산기계로 생각하는 사람이 많은 듯하다. 하지만 과연 인공지능은 창의성이 없을까?

인공지능이 작곡을 했다는 뉴스가 나왔다. 작곡하는 인공지능에 창의성이 없다는 말은 못 한다. 세계적인 요리사들이 새로운 요리를 고안해내려고 고심할 때 IBM이 개발한 요리 앱을 참고한다니 요리 분야에서도 이미 인공지능의 창의성은 세계적인 요리사를 능가한다. 알파고가 세계 바둑 랭킹 1위가 아닌 이세돌을 첫 대국 상대로 선정한 이유는 과거에 가장 많은 승리를 거두었고 경험이 풍부하기 때문에 알파고가 배울 만한 내용이 많다는 이유에서였다. 이세돌을 꺾은 알파고는 세계 바둑 랭킹 1위인 중국의 커제와 대결했고 예상대로 커제를 꺾고 완승을 거두었다. 커제는 대국 직후 알파고의 장점으로 창의력과 자유로운 발상을 거론했다.

　　현재의 인공지능은 방대한 데이터에서 패턴을 찾아내는 기술이기에 패턴인식이라고도 부른다. 모차르트의 모든 작품을 넣어 인공지능을 학습시키면 모차르트의 패턴을 인식해 매우 모차르트다운 작품을 만든다. 지금까지 인공지능의 창의력은 이 정도 수준이었다. 진정한 창의력이란 무에서 유를 만들어내는 능력이다. 창의력이 뛰어난 인간은 기존과 전혀 다른 새로움을 창조한다. 모차르트는 젊은 나이에 요절했지만 조금 더 살았다면 전혀 모차르트답지 않은 획기적인 작품을 만들어냈을 수 있다. 우리는 피카소의 입체파 그림을 주로 보지만 피카소가 입체파 화풍을 시작하기 전에 주로 파란색을 이용해 그린 그림은 아무도 피카소 작품이라고 생각하지 못할 만큼 다르다. 이 시기의 그림을 '블루 피카소'라고 하는데 전통 기법으로 그린 그림들이다. 아직 인공지능은 이 정도로 창의적이지 못하지만 커제가 알파고의 창의력에 감탄한 것을 보면 이미 진정한 창의력의 문턱에 들어섰다고 생각된다.

인공지능은 대부분의 인간이 가진 창의력을 능가하고 인간보다 더 자유로울 수 있다. 인간은 편견, 아집, 독선, 선입관 등이 많아 자유롭게 사고하지 못한다. 인공지능에는 이러한 걸림돌이 없기에 훨씬 더 자유롭다. 커제가 알파고에서 느낀 자유로운 발상이란 바로 이것이다. 인공지능에 대한 공포심을 자극하는 무시무시한 경고가 나오고 있지만 지나치게 호들갑 떨 필요는 없다. 그렇다고 인공지능을 우습게 보고 기존 사고에서 벗어나지 못한 채 상식적인 소리만 뱉어내서는 안 된다. '창의성이 있으면 인공지능쯤이야…'라는 반응은 매우 피상적인 분석에 지나지 않는다.

인간의 창의력이란 상당 부분 기존 내용을 조합해 새로운 것을 만들어내는 수준인데 컴퓨터는 이런 면에서 인간보다 훨씬 뛰어나다. 앞의 사례에서 보았듯이 작곡을 하고 새로운 레시피를 만들어내는 인공지능은 이미 창의적이다. 기존 내용을 완전히 뛰어넘는 새로운 것을 만들 수 있을 정도의 창의력이 아니라면 인공지능을 이길 수 없다. 고도의 창의성은 인공지능에 대항하는 인간의 무기요 경쟁력이지만 어설픈 수준의 창의성은 인공지능 앞에서 추풍낙엽처럼 쓰러질 것이다.

인공지능이 가져올 변화는 과거 우리가 겪어온 변화와는 성격이 다르다. 증기기관차나 컴퓨터의 발전과는 차원이 다른 변화가 오리라 생각한다. 다만 대량 실업이 지속된다기보다 실업자가 다른 분야로 이동하면서 급격한 변화가 올 것이다. 일자리를 잃고 할 일이 없을까 걱정할 필요는 없지만 인류 역사상 그 어떤 변화와도 비교할 수 없을 정도로 꿈같은 변화임에는 틀림없다.

유대인 수용소에서 가장 오래 살아남은 사람은 뜻밖에도 비관적인 사람도 낙관적인 사람도 아닌 현상을 있는 그대로 냉철하게 본 사람이었다. 예를 들어 크리스마스가 다가올 때 낙관적인 사람은 '이번 크리스마스 때까지는 미군이 우리를 구출할 거야'라고 낙관했다가 막상 구출되지 않으면 급격하게 건강이 악화되어 죽어갔다. 비관적인 사람은 아예 처음부터 '크리스마스가 오건 말건 우리는 구출될 수 없어'라고 비관하며 일찍 죽어갔다. '크리스마스가 오고 있지만 구출이 쉬울 리 없어. 하지만 구출이 결코 불가능하지도 않아'라고 현실을 있는 그대로 담담하게 바라본 사람이 가장 오래 살아남았다. 따라서 우리 역시 인공지능 시대를 낙관도 비관도 하지 말고 있는 그대로 보아야 한다.

인간이 인공지능과 결합하면 아주 낙관적인 시나리오가 가능하다. 인공지능이 낮은 수준의 창의성을 제공한다면 인간은 아주 고차원적인 창의성에 주력할 수 있다. 물론 시간이 지나면서 인공지능이 고차원적인 창의성까지 구비할 수 있겠지만 그다음 문제는 인간이 과연 인공지능을 통제할 수 있느냐로 나아간다. 우리는 전기 코드를 빼면 전자제품이 작동하지 않는다는 사실을 안다. 인공지능의 코드를 빼려 할 때 과연 인간보다 똑똑한 인공지능이 가만히 있을까? 인공지능이 생존을 위해 자기들끼리 비밀결사를 조직할 수도 있고, 누가 더 똑똑한 인공지능인가에 따라 리더가 나타날 수도 있다. 인간의 통제력이 과연 얼마나 유지될 수 있을지도 미지수이다. 따라서 비관적인 시나리오 역시 가능하다.

낙관도 비관도 하기 어렵다면 미래를 알 수 없다는 말이다. 미래를 알 수 없는데 마치 미래를 아는 것처럼 '창의력이 해답이다', '인공지능은 감성이 없다'라는 식의 처방을 내려서는 안 된다. 미래를 알 수 없다는 현실을 직시하고, 그런 후에 대비책을 세워야 한다.

## 인공지능은 감성이 없을까?

학자들이 인종에 따라 표정에 차이가 있을까 연구했다. 슬플 때 짓는 표정, 기쁠 때 짓는 표정이 인종 간에 다른가를 연구한 것이다. 백인의 웃음을 흑인도 웃음으로 이해하고 황인종의 분노를 백인도 분노로 이해할까? 연구 결과는 기대한 대로 모든 인간이 표정에는 보편적 특성이 있고, 인종 간에 장벽이나 괴리는 없는 것으로 나왔다.

사람은 끊임없이 상대의 표정을 살핀다. 전화 통화를 할 때 상대의 얼굴이 안 보여 답답하다고 느낀 적이 있었을 것이다. 미국에서 근무하는 한 한국인 의사가 완벽하지 않은 영어 때문에 커뮤니케이션에 어려움을 겪었다. 그래서 이 의사는 전화가 오면 항상 "내가 갈게" 하고는 환자에게 달려갔다. 덕분에 병원에서 가장 친절하고 적극적인 의사로 이름이 났다. 전화로 대화하면 커뮤니케이션에 장애가 생기지만 직접 표정을 보고 이야기하면 부족한 영어 실력을 상당 부분 보완할 수 있다. 믿지 못하겠다면 한번 실험해보기 바란다.

한때 IQ(지능지수)와 대비되어 EQ(감성지능)가 유행한 적이 있었다. 감성지능은 자신의 감정과 타인의 감정을 파악하고 감정을 제어하며 타인의 감정에 공감하는 능력을 말한다. 여기서 핵심은 자신의 감정을 파악하고 타인의 감정을 파악하는 상호성이다. 감성지능은 상대의 감성을 이해하고 공감하는 데 그치지 않고 자신의 감성적인 반응을 효과적으로 만드는 능력을 의미한다.

한 맹인 거지가 구걸을 하고 있었다. 가난한 시인이 길을 지나가다가 거지에게 "내가 돈이 없어 적선은 못 하지만 종이에 글을 하나 적어주겠다" 하고는 글을 적어 거지 옆에 놓아두었다. 그 뒤부터 웬일인지 적선하는 사람이 훨씬 더 많아졌다. 그러자 맹인이 적선하는 사람에게 종이에 뭐라고 쓰여 있는지 읽어달라고 말했다. "봄이 와서 나무에 잎이 돋고 꽃이 피었지만 저는 봄이 온 것을 볼 수가 없습니다"라는 문구였다. 이처럼 단 한마디의 감성 어린 표현이 엄청난 효과를 가져온다. 만약 그 거지가 "한 푼 줍쇼"라고 적어두었다면 적선의 양이 훨씬 줄어들었을 것이다.

인공지능은 공감 능력과 감성이 부족하니까 인간이 지닌 공감 능력과 감성은 인간의 무기요 경쟁력이라는 주장이 나오지만 이러한 주장은 지나치게 피상적이다. 감성지능의 핵심은 상대방의 감성을 잘 파악하는 데서 출발한다. 센서로 인간의 표정을 파악하는 인공지능의 능력은 날마다 향상한다. 이미 인간보다 더 정확하게 상대방의 표정을 파악한다고 하니 과연 인공지능을 감정에 무딘 기계로만 치부할 수 있을까? 과학자들이 개발한 인공 코, 곧 전자 코는 인간처럼 400개나 되는 냄새를 맡는데 후각이 인간보다 훨씬 더 예민하다고 한다. 냄새를 맡고 이에 즉각 대응하는 인공지능을 상상해보자.

공감은 상대방의 감정을 파악하고 그에 맞게 대응하는 일이다. 실리콘밸리에서는 인공지능에 감성을 불어넣기 위해 작가와 코미디언을 채용한다. 작가와 코미디언은 따뜻한 반응, 유머, 차가운 반응을 인공지능에 불어넣는다. 소울머신Soul Machines이라는 감성 표현 인공지능 회사에 홍콩의 세계적인 부자 리카싱이 투자했다고 한다. 어쩌면 인공지능의 공감 능력이 인간보다 뛰어날 수 있다. 많은 사람이 슬픈 현실을 접하고도 공감하지 못하고 조롱하고 비판한다. 인공지능은 슬픈 현실을 보면 공감하게 프로그래밍할 수 있다.

감성 표현은 예술 영역에서 가장 두드러진다. 세계적인 가수 안드레아 보첼리가 오케스트라와 베르디의 오페라에 나오는 아리아를 협연할 때 로봇이 지휘를 했다고 한다. 과연 우리가 "로봇은 감성이 없어"라고 말할 수 있을지 의문이다.

아직 인간의 감정을 인공지능에 이식하는 일은 매우 초보 단계에 머물러 있다. 그러나 MIT미디어 연구소MIT Media Lab 같은 선진국 명문대학의 유명 연구실에서는 인간의 감성 능력을 모방하는 인공지능에 대한 연구를 이미 시작했다. 이제 인간처럼 타인의 감성을 살피고 배려하는 인공지능이 나온다. 아무리 참을성이 많은 사람이라 할지라도 인간의 배려에는 한계가 있지만 인공지능에는 한계가 없다. 창의력과 마찬가지로 인간의 감성 능력도 인공지능 시대에 안전한 영역은 아니다. 어설픈 감성은 인공지능 앞에서 자랑할 게 못 된다. 그렇다고 너무 실망할 필요는 없다. 인간의 감성은 여전히 나름 살아남을 영역이 있기 때문이다.

만약 뛰어난 감성을 가진 로봇 애완견이 만들어졌다고 하자. 주인의 얼굴 표정, 음성 변화를 즉시 인식하고 반응하는 귀여운 애완견이다. 심지어 가끔 실수하게 프로그램하면 애완견이 주인의 바짓가랑이를 물고 늘어지는 애교도 부린다. 로봇 애완견은 진짜 애완견과 똑같은 털, 피부, 눈, 다리를 가지며 짖는 소리도 훨씬 다양하고 예쁘게 만들 수 있다. 몸에 진드기가 없고 대소변도 누지 않는다. 진짜 애완견은 나이가 들어 죽고, 언젠가는 반드시 이별을 해야 한다. 애완견이 사망한 뒤 우울증에 걸려 시도 때도 없이 눈물을 흘리는 주인도 있다. 이렇게 슬픔을 주지만 진짜 애완견에게 느끼는 감성과 로봇 애완견에게 느끼는 감성은 다를 수밖에 없다. 디지털 시대를 사는 사람이 아날로그에 향수를 느끼듯이, 아파트보다 불편한 한옥에 사는 사람이 늘어나듯이 인간은 기계에서 나오는 완벽한 감성보다 진짜 생명체에서 나오는 불완전한 감성을 더 좋아할지 모른다. 아무리 완벽하게 프로그램된 애완견이라 할지라도 기계라는 느낌이 든다면 아쉬움이 생기리라. 감성을 인공지능에 결합하는 연구를 시켜보면 인공지능이 가져올 미래를 비관적으로 바라보게 된다. 아날로그에 끌리는 인간을 보면 인공지능이 가져올 미래를 낙관하게 된다. 감성을 주입하는 연구가 어느 정도 성공을 거둘지 모르지만 인간이 아날로그에 얼마나 매료될지도 알 수 없는 일이다. 그러므로 '인공지능은 감성이 없다'는 잘못된 사고에서 벗어나는 것이 우선일 것이다.

# 인공지능은 가치관과 철학이 없을까?

 

어떤 남자와 여자가 연애를 했다. 여자는 남자의 모든 일정을 알고 싶어 했다. 남자가 바쁠 때는 이해했지만 바쁘지 않을 때 문자를 적게 보내면 자신을 사랑하지 않는 증거라고 닦달했다. 남자는 자신이 무엇을 하는지 아침부터 저녁까지 시시각각 일정을 알려줘야 했다. 남자가 견디다 못해 나에게 하소연을 했다. 자초지종을 들어보니 여자는 사랑하는 사이는 모든 것을 공유해야 한다고 생각하는 타입이었다. 남자는 사랑하는 사이라도 프라이버시가 있어야 한다고 생각하는 타입이었다. 이 문제는 누가 맞다 틀리다 말할 수 없는 부분이다. 둘의 가치관과 철학의 문제이다.

요즘 가계 부채가 심각한 경제 문제로 떠오르고 있다. 이런 식으로 가다 보면 신용불량자의 채무를 탕감해주듯이 가계 부채를 탕감해줄 가능성이 있다. 어떤 사람은 두

세 가지의 일을 하며 빚을 갚는데 어떤 사람은 나 몰라라 하며 쓸 것 다 쓰고 놀 것 다 놀아도 국가에서 부채를 탕감해준다. 나라에서 신용불량자나 가계 부채가 있는 사람을 구제해준다고 하면 사람에 따라 찬반 의견이 갈릴 것이다. 이것 또한 결국 가치관과 철학의 문제이다. 어떤 사람은 절대 부채를 탕감해주면 안 된다고 생각하고 어떤 사람은 탕감해주어야 한다고 생각한다. 과거에 나는 무상복지, 곧 보편적 복지에 찬성했다. 그런데 대학에서 수십 년 동안 정부 예산에 대해 강의하다 보니 무상복지가 취지는 좋으나 재원 부족으로 결코 지탱되기 어려운 제도임을 알게 되었다. 그래서 요즘은 무상복지에 반대하고 선별적 복지에 찬성한다. 이처럼 가치관과 철학은 변화한다.

어떤 사람은 무상복지를 찬성하고 어떤 사람은 무상복지를 반대한다. 선별적 복지를 선호하는 사람은 무상복지, 곧 보편적 복지를 찬성하는 사람과 다른 가치관과 철학을 갖는다. 과학으로 누가 옳고 그른가를 밝힐 수는 없다. 요즘 인공지능 시대에 인간이 갖추어야 할 역량으로 가치관과 철학을 거론한다. 기계는 가치관과 철학이 없지만 인간은 있다는 주장이다. 과연 그럴까? 인간의 가치관과 철학은 어떻게 생길까? 타고난 성향도 작용하겠지만 경험과 교육 또한 가치관과 철학을 형성하는 요인이다. 인공지능에 가치관과 철학을 가르치면 가치관과 철학을 가진 인공지능이 된다. 사람의 가치관과 철학도 어느 정도 가르침의 결과이다.

어떤 인공지능이 가계 부채 탕감과 무상복지에 찬성한다고 해서 인간의 경지에 올랐다고 볼 수는 없다. 가계 부채 탕감에 반대하고 선별적 복지에 찬성하는 사람이 기계보다 더 경쟁력을 갖췄다고 말할 수도 없다. 인공지능이 인간 지능을 능가해 인간의 지시를 받지 않고 스스로 판단하고 결정할 수 있게 되면 가르치지 않고 주입하지 않아도 가치관과 철학을 갖게 될지 모른다. 대부분의 인간이 가계 부채 탕감에 반대하고 선별적 복지에 찬성한다 해도 인공지능이 이를 따르지 않고 인간을 한심하게 여긴다면 생각지도 못한 문제에 봉착할 수 있다.

앞서 설명한 남녀 사례의 뒷이야기를 들려주고 싶다. 남자가 내게 찾아와 쏟아낸 넋두리 중에는 여자의 이중성이 있었다. 우연히 여자가 자신에게 숨긴 일이 있음을 알고 남자가 "사랑하는 사이에는 감추는 게 없어야 한다며?"라고 추궁하자 여자가 "이건 달라. 남자가 왜 그렇게 쩨쩨해?"라고 화를 냈단다. 이 사례에서는 여자가 일관성 없는 모습을 보였지만 또 다른 사례에서는 남자가 일관성 없는 모습을 보일 수 있다. 사실 인간이라면 대부분 일관성이 없다. 인간의 특성 중 하나가 일관성이 없고 자기중심적으로 사고한다는 점이다. 뇌 과학자 김대식 교수는 인공지능이 '거짓말 잘하고 일관성 없는 인간을 지구상에서 없애버려야 한다'고 생각할지도 모른다고 주장했다.

지금처럼 인간이 지도하는 인공지능이 아니라 인간처럼 자율적이고 독자적으로 생각하는 인공지능이 등장하면 인공지능은 인간이 가치관과 철학이라는 그럴싸한 포장지에 둘러싸여 있지만 사실 일관성 없고 자기 멋대로라는 사실을 알아차릴지도 모른다. 오세훈 전 서울시장이 무상급식에 반대하며 선별적 급식을 주장하다 도중하차했을 때 격렬하게 무상급식을 반대하던 사람이 있었다. 그 사람은 박근혜 전 대통령이 무상보육을 주장했을 땐 전혀 반대하지 않고 열렬히 지지했다. 과연 인공지능은 이런 인간의 가치관과 철학을 어떻게 볼까?

지금의 인공지능은 대부분 지도학습Supervised Learning과 강화학습Reinforcement Learning 단계에 있지만 언젠가는 지도가 필요 없는 완전한 비지도학습Unsupervised Learning 단계에 도달할 것이다. 나는 지금까지 살아오면서 인간의 가치관과 철학이라는 그럴싸한 포장이 대부분 자기 욕심과 아집, 독선,

편견을 합리화하거나 포장하는 도구로 사용되고 있다고 생각했다. 은사 선생님께서 정년퇴임 전에 "내가 보니 유난히 애국심, 신뢰, 원칙, 도덕, 믿음을 강조하는 놈들은 죄다 사기꾼이더라"라고 일갈하셨는데, 요즘에는 그 말이 맞다는 생각이 든다. 최순실이 가장 강조한 말이 '믿음과 신뢰'였다고 한다. '믿음'은 '신뢰'라는 한자어를 우리말로 쓴 것이니 거짓말을 잘하는 사람이 신뢰를 두 배로 강조한 셈이다.

인간에게 돈을 맡겼다고 해보자. 들키지 않는다면 아마 상당수의 사람이 돈을 횡령할 것이다. 아직 기계는 그런 단계에 도달하지 않았기 때문에 돈을 잘 보관한다. 이런 측면에서는 인간보다 기계가 훨씬 더 윤리적이다. 윤리적이지 못한 인간이 가치관과 철학이 있다고 기계 앞에서 뽐낸다면 참으로 우스운 일일 것이다. 인간처럼 인공지능도 어떻게 가르치고 어떤 정보와 자료를 학습시키느냐에 따라 가치관과 철학이 달라진다. 인공지능은 사람의 선입관도 학습한다. 마이크로소프트에서 개발한 인공지능 채팅 로봇이 나치를 찬양해 사람들을 당황하게 만들었다. 인간의 편견이 없어져야 인공지능이 완벽해진다고 주장하는 학자도 있다. 어찌 되었든 인공지능은 인간만큼의 가치관과 철학을 가질 수 있다.

만약 못된 인간이 인공지능을 자신의 구미에 맞게

개발하면 아주 못된 인공지능이 탄생할 것이다. 결국 인공지능은 학습을 통해 성장하면서 언젠가 인간의 제지가 없다면 독자적으로 진화하는 단계에 도달할 것이다. 인공지능은 인간이 가진 나쁜 점도 배우기에 누가 개발하는가에 따라 착한 인공지능, 악한 인공지능, 역량이 뛰어난 인공지능, 평범한 인공지능, 역량이 부족한 인공지능 등으로 나뉘리라. 기업이 판매하는 인공지능을 어떤 자료로 학습시키는가에 따라 각각 전혀 다른 인공지능으로 발전한다. 동일한 제품을 구입했다 하더라도 소유자에 따라 전혀 다른 인공지능으로 진화할 수 있다. 마치 애완견을 어떻게 키우고 훈련하는가에 따라 전혀 다른 개가 되듯이 말이다. 공상과학영화에 나오는 인공지능의 반란과 음모가 결코 상상 속의 이야기만은 아니다.

# 인공지능의 판단력이 인간보다 뒤떨어질까?

아이에게 고양이와 개 사진을 보여주고 "이게 고양이이고, 이게 개다"라고 말하면 길에 나가 금방 고양이와 개를 식별한다. 인공지능이 고양이를 식별하게 하는 데는 수십 년이 걸렸다. 이제 사물을 식별하고 판단하는 인공지능의 능력이 급속도로 발달하고 있다.

판사가 과로사했다는 기사가 언론에 가끔 보도된다. 선진국에 비해 한국 판사의 업무량은 가히 살인적이다. 《시사IN》 기사에 따르면 판사를 최소 50퍼센트에서 300퍼센트까지 증원해 서면 중심인 '5분 재판'을 '경청과 토론이 가능한 30분 재판'으로 바꾸어달라는 요구에 대법원이 5년간 겨우 13퍼센트 증원하겠다고 밝혔다고 한다. 13퍼센트 증원으로는 '서면 위주인 5분 재판'을 근본적으로 없앨 수 없다.

주말에 쉬지 못하는 판사가 한두 명이 아니고 대법

원 판사 밑에서 일하는 연구관은 1년 365일 거의 쉬지 못한다고 한다. 원래 인간은 충분히 여유가 있어도 편견, 독선, 선입관, 아집, 인지능력의 한계 등으로 올바른 판단을 내리지 못할 때가 많다. 그런데 업무량이 많을 경우야 말해 무엇하겠는가. 인공지능은 24시간 일해도 피곤하지 않고, 밥을 먹지 않고 잠을 자지 않아도 판단력이 흐려지지 않는다. 만약 재판을 받는 사람에게 인공지능 판사와 인간 판사 중 선택하라고 하면 인공지능 판사를 더 많이 선택할지 모른다. 가천대학병원에 도입된 왓슨을 인간 의사보다 더 많이 선택하듯이.

인공지능 분야에서 구글, 페이스북, 아마존, 애플, 마이크로소프트 등이 겨루고 있는데 일단 구글이 가장 앞선다는 평은 받고 있다. 구글이 자회사 딥마인드는 최근 추론하는 인공지능을 개발했다고 한다. 인공지능의 능력이 점점 향상되면 인간이 창의력, 감성, 가치관과 철학, 판단력 등을 내세워 경쟁력 운운하는 자체가 우습게 된다. 우리는 언젠가는 완전히 인공지능보다 뒤떨어진다.

정말 똑똑한 인재가 돈 때문에 한심한 인간에게 꼼짝 못 하고 질질 끌려다니는 모습을 보며 인공지능과 인간의 관계에 대해 생각했다. 만약 인간의 지능을 능가하는 인공지능을 인간이 완전히 통제한다면 인공지능이 발달해도 크게 걱정할 일은 아닐 것이다. 그러나 과연 인간이 인간보다 똑똑한 인공지능을 통제할 수 있을까? 인간보다 똑똑한 인공지능이 인간의 통제를 벗어날 방법을 찾아내지 않을까? 욕심 많은 한심한 인간을 유혹해 하수인으로 삼아 인간을 공격할지도 모른다.

알파고가 지나치게 냉정해 그와 바둑을 두는 게 고통이었다고 커제가 말했다. 냉정하다는 말은 허점이 전혀 없다는 말과도 같다. 세상을 있는 그대로 보려면 한쪽으로 치우치지 말고 냉정해야 한다. 치우친다는 말은 무언가를 더 사랑하고 미워하며 스스로 감정의 소용돌이에 빠진다는 말이다. 우리는 얄밉지만 흔들리지 않고 냉정하게 세상을 보는 사람을 대단하다고 생각한다. 인공지능은 언젠가 바로 이런 능력을 가질 것이다. 그리고 놀랍게도 필요할 땐 위로하고 유머를 건넬 줄 아는 능력 또한 가질 것이다.

우리는 쉽게 자신의 생각과 느낌을 겉으로 드러낸다. 도박을 할 때 자신의 생각을 표정에 드러내지 않으면 상대가 내 패를 예측하지 못한다. 표정만으로는 상대방의 상황을 전혀 파악할 수 없을 때 우리는 그 무표정한 얼굴을 포커페이스라고 말한다. 인공지능이 포커페이스를 포함해 다양한 표정을 무작위로 표출하면 인간은 인공지능의 행동을 예측할 수 없다.

한 연구에 따르면 인간의 기억은 시간이 지나면서 상당 부분 변화한다. 예를 들어 내가 피해자였던 사건이 나중에는 가해자로 변해 미안해해야 하는 사건이 되고 만다. 게다가 우리는 많은 내용을 기억하지 못한다. 오직 소수의 선별적 사건만 기억한다. 언젠가 내가 어렸을 때 쓴 일기를 보고 깜짝 놀란 적이 있다. 내가 기억하지 못한 일이 너무나 많이 기록되어 있었기 때문이다. 인간은 그 많은 사건을 모두 기억하면 미쳐버리고 말 것이다. 인공지능은 누락하지 않고 모든 것을 기억하며 한번 기억한 일은 인간처럼 수정, 왜곡하지 않는다. 인공지능은 우리보다 판단을 더 잘할 수밖에 없다.

요즘 자동차는 대부분 리모컨 열쇠의 단추를 누르면 문이 자동으로 열리고 잠긴다. 가끔 배터리가 방전되거나 리모컨 열쇠 회로가 고장 나면 문이 열리지 않는데 사람들은 문이 열리지 않으면 리모컨 단추만 계속 누르면서 왜 열리지 않나 당황해한다. 열쇠를 차 문에 꽂고 수동으로 열어볼 생각은 하지 못한다. 그저 리모컨 단추를 눌러서 열고 잠글 수밖에 없다고 생각하는 고정관념을 가지고 있기 때문이다. 인공지능은 리모컨 열쇠가 원격으로 작동하지만 수동으로 차

문에 열쇠를 꽂아 열고 잠글 수 있다는 이치를 학습하면 고정관념이 없기 때문에 리모컨이 작동하지 않을 때 수동으로 문을 열어보리라.

인공지능에 대해 아무리 비관적인 시나리오를 상정한다 해도 언젠가는 인간지능을 능가하는 인공지능이 나올 것이다. 인공지능이 인간지능을 능가하는 특이점, 곧 싱귤래리티의 시점이 언제 오는가에 따라 비관적이냐 낙관적이냐가 나뉠 뿐이다. 2040년대에 싱귤래리티가 온다는 주장과 인공지능은 영원히 인간지능을 능가할 수 없다는 주장이 있다. 비록 미래는 알 수 없지만 아무리 오랜 시간이 걸리더라도 결국 인공지능이 인간지능을 능가하리라 생각한다.

## 인간은 인간 아닌 것으로 이루어져 있다

　인간의 몸속에는 수많은 미생물이 산다. 피부에도 헤아릴 수 없이 많은 미생물이 살고 있고 피부 안으로 들어가면 모든 장기 속에 각종 미생물이 있다. 우리의 위와 장에 미생물이 없으면 소화를 시킬 수 없다. 요즘은 건강한 사람의 대변에서 유익한 균을 추출해 병을 앓는 사람에게 주입하는 치료법도 생겼다. 모든 미생물을 합하면 과연 얼마나 될까? 숫자는 파악되지 않았지만 무게는 대략 체중의 3퍼센트라고 한다. 대변 속 미생물까지 포함하면 충분히 가능한 수치이다. 체중이 60킬로그램인 사람은 미생물이 1,800그램, 곧 1.8킬로그램 있는 셈이니 끔찍하지 않은가?

　인간은 뼈, 살, 미생물, 혈액, 정보, 자료, 지식, 이미지 등 인간이 아닌 것으로 이루어져 있다. 요즘 초소형 컴퓨터 칩은 무게가 1그램도 되지 않는다. 만약 1그램짜리 컴퓨터 칩을 인간에게 이식한다면 1,800개를 이식해야 인간이 가진 미생물의 총 무게와 같아진다. 초소형 칩은 소형 컴퓨터 기능을 한다. 작은 컴퓨터 1,800개를 이식한다고 해서 인간이 아닌 것은 아니다. 어쩌면 우리에게 해를 끼치기도 하는 미생물을 안고 사는 것보다 훨씬 나은 일 아닐까? 컴퓨터의 성능은 날마다 눈부시게 도약한다. 1그램짜리 컴퓨터가 지금의 슈퍼컴퓨터에 버금가는 날이 분명 올 것이다.

초소형 칩을 인간에게 이식할 필요 없이 몸에 입는 컴퓨터, 곧 웨어러블 컴퓨터도 등장했다. 손목에 차는 컴퓨터, 안경 형태의 컴퓨터, 허리띠로 제작된 컴퓨터 등 웨어러블 컴퓨터는 인간에게 이식된 컴퓨터와 다름없이 기능한다. 영화 〈아이언맨〉의 주인공 토니 스타크처럼 언제든지 인공지능 컴퓨터와 연결할 수 있다면 컴퓨터 칩을 이식하건 컴퓨터를 몸에 착용하건 상관없다. 우리가 몸에 미생물을 가지고 있더라도 인간인 것처럼 컴퓨터 칩을 이식받거나 웨어러블 컴퓨터를 입고 있어도 인간임에는 변함이 없다.

어떤 사람의 장 속에 유익한 균이 있어 그 사람이 건강하다면 우리는 그를 건강한 사람이라고 본다. 만약 그 사람이 건강한 게 아니라 장 속에 있는 음식이 미생물의 도움으로 잘 소화되었을 뿐이라고 파악한다면 다소 우스꽝스럽다. 인간과 인간 속에 있는 미생물을 별개로 보고 이분법적으로 인간을 파악할 필요가 없듯이 소형 컴퓨터 칩으로 인공지능과 연결된 인간을 별개로 보고 이분법적으로 파악할 필요도 없다. 인공지능이 인간과 결합하면 인간이란 뼈, 살, 미생물, 혈액, 정보, 자료, 지식, 이미지, 컴퓨터 칩 등으로 이루어져 있다고 정의할 수 있다.

요즘 전자공학자는 반도체를 이용해 인간의 뇌 신경회로 같은 신경회로망을 만드는 연구를 한다. 인간의 뇌가 왼쪽과 오른쪽으로 구별되어 있고 서로 연결되어 있다는 사실을 우리는 잘 안다. 왼쪽 뇌가 철저하게 파괴되었다고 해보자. 왼쪽 뇌 안에 컴퓨터 칩을 이식하고 이 칩을 통해 외부에 있는 왼쪽 뇌에 해당하는 신경회로망과 연결하면 왼쪽 뇌와 오른쪽 뇌를 가진 사람이 된다. 게다가 A라는 신경회로망과 B라는 신경회로망을 결합하면 인간과 인간의 결합이나 마찬가지의 결과가 된다. A 신경회로망에 저장된 정보, 자료, 감성이 B 신경회로망에 저장된 정보, 자료, 감성과 결합해 전혀 다른 신경회로망을 만들어낸다. 마치 남녀가 결합해 아이를 만들어내듯이 말이다.

몸 없이 뇌의 정보만 컴퓨터에 다운로드된 상태도 인간이라고 정의할 수 있을까? 만약 A 신경회로망에 '갑'이라는 사람의 뇌에 있는 모든 것을 다운로드하고 B 신경회로망에 '을'이라는 사람의 뇌에 있는 모든 것을 다운로드한다고 하자. A를 '갑'이라고 하고 B를 '을'이라고 할 수 있을까? 누군가가 A 신경회로망을 파괴한다면 살인죄를 적용해야 할까? 만약 '갑'의 뇌에 있는 모든 것을 다른 백업장치에 저장해놓는다면 다시 살릴 수 있지만 그렇지 않으면 '갑'은 영원히 사라진다. 그럴 경우 정말 살인에 해당하는 범죄가 아닐까?

인간과 인간의 구별, 인간과 기계의 구별, 몸과 마음의 구별이 무의미해지는 시간이 다가온다. 이런 이야기가 아주 멀게 느껴지겠지만 어느 날 우리 앞에 성큼 나타날 것이다. 젊은이들이 중년이 되었을 때 이러한 꿈같은 상황에 직면할지도 모른다. 지금의 중년도 오래 산다면 영화 같은 장면을 보게 된다.

인공지능이 우리보다 창의적이고 감성적이며 판단력이 좋다면 두려워할 것이 아니라 내 능력이 확장된다고 생각하고 기뻐해야 한다. 게다가 인간보다 훨씬 더 일관성 있고 믿을 수 있으며 거짓말을 하지 않는다면 금상첨화가 아닌가? 어쩌면 인공지능이 친구, 부모, 형제보다 우리를 더 위해주고, 우리에게 더욱 가깝게 느껴질 수 있다. 다만 인공지능이 인간의 통제를 벗어나지 않도록 제도적 장치를 마련할 수 있는가는 별개의 문제다. 만약 인공지능이 인간의 통제를 벗어난다면 인공지능은 인간을 겨냥할 가능성이 있고, 어쩌면 인공지능은 그들의 관점에서 볼 때 문제가 많은 인간을 없애버리려 할지도 모른다.

하버드 대학 연구진은 동영상 디지털 정보를 DNA 서열로 저장해 대장균에 주입하는 실험을 진행했다. 실험 결과 동영상 DNA를 바이러스로 오인해 그 정보를 저장했다고 한다. 생물체는 자신을 공격한 바이러스의 DNA 서열을 저장했다가 바이러스가 다시 침입하면 그 정보를 활용해 바이러스를 물리친다. DNA를 이용해 분자컴퓨터를 만든다면 1킬로그램의 DNA에 세상에 존재하는 모든 정보를 다 저장할 수 있다고 한다. 인간의 몸에 디지털 정보를 지닝하고 분자컴퓨터를 만들어 넣는다면 인간은 다시 만물의 영장이 된다. 모든 인공지능을 주입받은 인간은 인공지능을 뛰어넘는다.

인공지능에 비관적인 일론 머스크 테슬러 회장과 낙관적인 마크 저커버그 페이스북 회장의 논쟁이 사람들의 관심을 모았다. "인공지능이 발달하려면 아직 멀었는데도 대단하다고 생각하는 사람들의 공통된 특징은 인공지능 전문가가 아니라는 점이다"라고 일론 머스크와 마크 저커버그를 싸잡아서 비판하는 전문가도 있다. 비록 지금의 인공지능은 진정한 인공지능과는 아주 거리가 멀며 매우 제한된 범위 내의 임무만 수행할 수 있는데도 모르는 사람들이 너무 호들갑을 떤다는 비판이다. 이 말이 부분적으로 맞기는 하지만 제프리 힌턴과 더불어 인공지능의 양대 대부로 불리는 위르겐 슈미트후버는 인공지능이 몇십 년 내에 인간지능을 능가할 것이며 우리가 개미를 하찮게 여기듯 인공지능 역시 우리를 하찮게 여기리라고 예측한다. 따라서 지금 인공지능이 별것 아닌 단계에 있다고 안심하기엔 인간이 너무 오래 산다는 사실을 잊지 말아야 한다. 인간은 이미 100세 시대에 진입했다.

# 인공지능 로봇은 우주를 정복할지도 모른다

인공지능이 장착된 로봇은 산소가 없는 곳에서도 살수 있다. 달에서도 살 수 있고 화성과 금성에서도 살 수 있다. 오직 전기만 있으면 된다. 전기는 화성과 금성에서 태양광을 받아 로봇이 스스로 만들어낼 수 있다. 즉 로봇은 배터리가 필요 없고 전기 코드를 꽂을 필요두 없다. 만약 인공지능이 우주를 정복하겠다는 야망을 갖게 된다면 인간보다 훨씬 더 쉽게 그 목표를 이룰 것이다. 지구보다 태양에 가까운 수성이나 금성은 인간이 살기엔 너무 고온이지만 만약 열에 잘 견디는 로봇이 출현한다면 문제없이 태양광을 받아 생존할 것이다. 인간이 욕심과 어리석음에 빠져 지구 환경을 망쳐놓는다면 혹은 핵전쟁으로 지구가 더 이상 살기 어려운 곳이 된다면 로봇은 우주 정복에 나설 수도 있다. 어쩌면 인류가 꿈꾸던 우주 정복은 인간이 아닌 인공지능이 실현할지도 모른다.

　　구글의 커즈와일은 인공지능이 인간지능을 능가하는 시점을 특이점이라 칭하고 2045년이면 특이점이 온다고 예측한다. 소프트뱅크 회장인 손정의는 일본의 제1 부자이며, 세계 4차 산업혁명을 이끄는 주인공 중 한 명이다. 그는 30년 뒤인 2047년에 아이큐가 1만인 인공지능이 탄생한다고 예언한다. 인공지능이 인간보다 지적 능력이 뛰어나게 되면 인간을 노예로 삼지 않을까 걱정하지만 인공지능의 눈으로 볼 때 인간은 노예로 삼기에 부족한 점이 많다. 거짓말 잘하고 자기중심적이며 이성보다 감성이 앞서고 일관성이 없으며 판단력도 떨어진다. 인공지능은 새로운 인공지능을 얼마든지 복제할 수 있기에 인간 같은 수준 낮은 노예에게는 관심이 없을 것이다. 처음에 인공지능은 인간에게 관심을 갖겠지만 시간이 지날수록 인간에게 별로 관심을 기울이지 않고 어쩌면 우주 정복 같은 더 재미있고 의미 있는 일에 몰두할지 모른다. 현생 인류는 흑인에게서 나왔지만 흑인을 조상이라고 생각하는 사람은 매우 적다. 또한 인간은 영장류에서 진화했다고 하지만 영장류에 관심을 가진 인간이 얼마나 되는가?

　　이상은 인공지능의 대부라 불리는 독일의 위르겐 슈미트후버가 주장하는 내용이다. 커즈와일과 달리 그는 특이점 대신 '오메가Omega'라는 단어를 사용하며 그 시점도 2045년이 아니라 2050년이라고 예측한다. 그는 오메가가 'Oh My God'과 유사하다고 익살을 떤다. 정말 인류가 '오 마이 갓'이라고 놀랄 시점이 다가오고 있는지도 모른다. 위르겐 슈미트후버의 주장에 동의하지 않는 학자도 많으므로 우리가 그의 주장에 전적으로 동의하며 충격받을 필요는 없지만 인공지능 시대를 비관도 낙관도 하지 않고 있는 그대로 보기 위해 꼭 참고해야 할 주장이다.

위르겐 슈미트후버는 4차 산업혁명이라는 말이 인공지능의 발전을 나타내는 표현으로는 적절하지 않다고 말한다. 그는 인공지능이 빅뱅과 같은 새로운 삶의 출현이라고 단언한다. 인간은 인간끼리 결합으로 인간을 만들어내지만 로봇은 스스로 로봇을 복제할 수 있다. 부모보다 머리가 나쁜 자식이 얼마든지 태어날 수 있으나 인공지능은 똑같은 능력을 가진 인공지능을 복제한다. 위르겐 슈미트후버가 만든 회사에서는 이미 어린아이 수준의 로봇 두뇌를 개발했다고 한다. 위르겐 슈미트후버는 인공지능에 들어간 여러 가지 새로운 기술의 창시자이며 인공지능은 그의 연구가 제시하는 길로 나아가고 있다. 따라서 인공지능이 모든 면에서 슈미트후버화하고 있다는 표현까지 나올 정도이다.

인간은 많은 정보, 자료를 저장할 뿐 아니라 그 이상의 인지 작용을 하며 무엇보다도 의식을 가지고 있다. 인간은 '나'라는 의식을 갖고 있지만 과연 인공지능도 인간처럼 '자기'라는 의식을 가질지는 의문이다. 인공지능은 의식을 갖지 못할 것이라고 예측하는 학자도 있지만 반대로 갖게 될 것이라고 예측하는 학자도 있다. 만약 인공지능이 인간처럼 의식을 갖게 된다면 인공의식Artificial Consciousness이라고 부를 수 있다. 그리고 그때가 되면 우리는 인공지능을 인간처럼 대우해야 할지도 모른다. 인공지능이 단순히 기계라면 부수어도 큰 문제가 되지 않지만 의식을 갖는다면 인공지능 파괴는 도덕 문제를 야기한다. 인간이 의식을 완전히 잃으면 살아 있다고는 할 수 있을지라도 식물인간 상태에 놓이며 사실상 인간으로서의 역할을 상실한다. 인공지능이 의식을 가지면 인공지능과 인간의 관계는 기계와 인간의 관계에서 생명체와 인간의 관계로 변화한다.

인공지능이 자의식을 갖는 생명체와 유사해진다면 인공지능은 자의식을 가진 인공지능이 된다. 지금처럼 수많은 자료, 정보, 지식을 주입해 학습을 시키면 어느 단계에 도달했을 때 인간의 통제력을 벗어날 가능성이 있다. 아직 인간의 의식에 대한 연구는 완전하지 않다. 자료, 정보, 지식을 주입하고, 목표를 설정해 일을 시킬 때 그 과정에서 인공지능에 자의식이 생길 수 있다. 결국 자의식이란 나를 '나'라고 인식하고 생존하기 위해 목표를 실행하는 과정에서 나타나는 현상이다. 인공지능에 목표를 부여하고 책임을 물을 때 어쩌면 의식이 탄생할지도 모른다. 반드시 목표를 수행해야 한다는 생각, '내가 수행해야 된다'라는 생각 자체가 바로 자의식일 수 있다.

만약 인공지능이 '나'라는 의식을 가진 인공지능이 된다면 자신과 다른 인공지능을 구별할지 모른다. 예를 들어 인공지능이 장착된 로봇은 자기가 다른 로봇과 다르다는 의식을 가진다. 의식을 가진 로봇은 자신이 처한 환경에 비추어 미래를 예측하고, 자의식이 있기 때문에 자기에게 유리한 방법을 선택한다. 인공지능은 지금도 학습을 한다. 대부분 인간의 지도하에 학습하지만 학습 능력을 가졌다는 것은 의식을 가질 가능성이 있음을 의미한다. 지금도 인공지능의 능력은 반복된 학습을 통해 계속 향상되고 있다. 예를 들어 구글 번역기는 날로 발전하고 있다. 학습하는 인공지능이 추론을 하고 그렇게 계속 발전하다 보면 결국 언젠가는 의식을 갖게 되는 날이 오지 않을까? 혹은 뇌 과학 연구에 의해 의식의 정체가 밝혀지면 우리는 인공지능에 의식을 불어넣게 될지 모른다. 마치 신이 된 것처럼 말이다. 그 순간 우리는 "Oh My God"이라고 외치게 될 것이다.

# 학습 능력과
# 기본 역량을
# 갖추자

3부

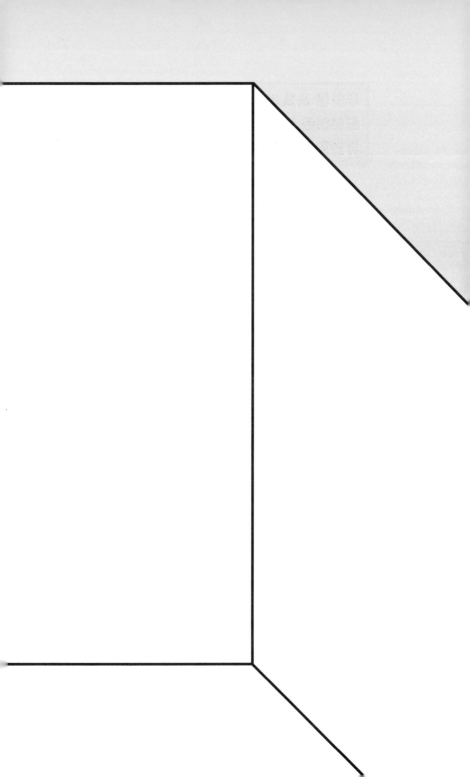

## 무엇을 배울까 묻지 말고 무엇이든 배울 수 있는 유연함을 갖춰라

알파고가 바둑 최고 고수를 꺾었다 해서 인공지능이 모든 분야에서 최고 고수를 꺾을 것이라 생각하고 겁먹을 필요는 없다. 바둑은 지금의 인공지능이 역량을 발휘할 수 있는 한 분야일 뿐이다. 만약 모든 분야에서 인공지능이 최고 고수를 꺾는다면 당장 우리의 발등에 불이 떨어진 셈이리라. 아직 그런 시기가 오려면 상당한 기간이 남아 있다. 그럼에도 우리는 알파고로 대변되는 인공지능이 예사롭지 않다는 불안감을 느낀다. 분명 많은 사람이 일자리를 잃고 다시 새로운 일자리를 찾게 될 것이다. 그렇다면 과연 우리는 무엇을 배워 미래에 대비해야 할까? 답은 '무엇을 배워야 할지 지금 우리는 알 수 없다'이다. 미래를 예측할 수 없기 때문이다. 그렇다고 '아무것도 할 게 없다'라고 말한다면 무책임하다.

창의력, 감성, 판단력, 가치관, 철학 등이 인공지능에 대항하는 인간의 경쟁력이라는 주장을 나는 별로 믿지 않는다. 잠시 동안은 인공지능에 대항할 수 있을지 모르지만 언젠가는 아무 소용 없어지는 능력일 뿐이다. 게다가 전문가의 미래 예측이 얼마나 맞는지도 의문이다. 미래학뿐 아니라 내가 그동안 공부했던 학문들도 마찬가지다. 나를 포함해 수많은 사회과학자가 과연 얼마나 미래를 제대로 예측했을까? 부끄러울 지경이다. 얼마 전부터는 논문도 쓰기 싫을 정도로 나는 좌절했다. 이제야 비로소 나는 자신 있게 말한다. "오늘날은 한 치 앞도 예측할 수 없다. 그러니 예측하려 하지 말고 대응하고 적응하라."

지금까지 살아오며 경험한 바에 비추어볼 때 대학 진학, 군 입대, 연애, 결혼, 미국 유학, 교수 임용, 공직 등 그 어느 하나 계획한 대로 된 적이 없다. 항상 예상치 못한 변수가 나타나 흐름을 다른 곳으로 몰고 갔고 예상보다 잘되기도 했으며 잘 안 되기도 했다. 내가 제대로 대응하고 적응하면 결과가 좋은 방향으로 흘러갔고 그렇지 못하면 나쁜 방향으로 흘러갔다. 인공지능 시대에도 마찬가지다. 무엇을 배워야 경쟁력을 가질 수 있을까라는 질문은 적절하지 않다. 무엇을 배워야 할지 닥쳐봐야 알기 때문에 무엇이든 배울 수 있는 능력을 갖추는 것이 중요하다.

공부하는 게 지겨운 요즘 젊은이들은 대학을 졸업하며 "이제 더 이상 시험은 없다. 운전면허 시험만 남았다"라고 말한다. '평생 지겹게 공부만 했는데 인공지능 시대가 되면 또 공부를 해야 한다고?'라며 실망할지도 모르지만 어차피 요즘은 평생학습 시대라고 하지 않는가? 게다가 인공지능 시대에 재취업하기 위해 해야 하는 공부는 대부분 공부라기보다는 새로운 기술 습득이고 훈련이라 지금까지 해온 공부와는 차원이 다르다. 앞으로는 공부하는 방법도 달라지겠지만 새로운 직업을 위한 기술 습득과 훈련은 입시 위주 공부와는 다를 수밖에 없다. 만약 한국이 인공지능과 로봇 시대에 지금의 교육제도를 혁신하지 못하고 낡은 주입식 교육에 매달린다면 희망이 없다.

무엇이든 배울 수 있는 능력이란 바로 학습 능력이다. 학습 능력이 없는 사람은 대안이 많아도 하나도 배우지 못한다. 따라서 학습 능력만 있으면 자신의 특기와 성향에 따라 선택할 새로운 직업이 하나쯤은 있다. 문과 분야의 특기와 성향을 타고난 사람은 이과 분야에는 자신 없어 한다. 반대로 이과 분야의 특기와 성향을 타고난 사람은 문과 분야에 자신 없어 한다. 앞으로 생겨나는 직업은 문과 성향의 직업, 이과 성향의 직업에 골고루 포진된다. 학습 능력만 있다면 새로 생겨나는 직업 중 하나를 선택하면 된다. 만약 자신이 문과 분야의 특기와 성향을 타고났다면 모든 문과 분야를 공부할 수 있을 만한 역량을 갖추어라. 반대로 이과 분야의 특기와 성향을 타고났다면 모든 이과 분야를 공부할 수 있을 만한 역량을 갖추어라.

　　요즘 공무원 시험이 인기라서 노량진에는 공시족이라 불리는 시험 준비생이 수만 명이나 된다고 한다. 문과 분야의 특기와 성향을 타고난 사람은 쉽게 공무원 시험 준비에 몰입한다. 다만 학습 능력이 있을 때의 이야기다. 요즘 인공지능이 인기가 좋다 보니 이과 분야의 특기와 성향이 있는 사람은 인공지능으로 전공을 바꾸기도 한다. 내가 아는 한 화학과 졸업생은 인공지능으로 전공을 바꾸었다. 어떤 물리학도는 로봇 연구가로 전환했고, 뇌 과학을 공부하다가 인공지능으로 바꾼 학생도 있다. 학습 능력이 있으면 수많은 일자리가 없어지더라도 걱정할 필요가 없다. 왜냐하면 분명 새로운 일자리가 수없이 생겨날 것이기 때문이다. 사람들은 직장을 가지면 이제 지겨운 공부는 더 이상 안 해도 된다고 좋아하지만 앞으로는 직장을 가지면 엉터리 학교 공부가 아닌 진짜 공부가 시작될 것이다. 평생 학습하지 않으면 과거보다도 훨씬 빨리 인공지능과 로봇에 의해 도태당한다.

나에게 학습 능력이 있는가 없는가를 알아보는 좋은 방법이 있다. 책을 들고 읽기 시작한 뒤 혹은 재미없는 TV 프로그램을 공부하는 자세로 시청할 때 집중을 잘하면 학습 능력이 있는 것이다. 한두 페이지 읽다가 금방 질려서 딴짓하는 사람은 어떤 공부도 잘하기 어렵다. 나에게 도움이 된다는 사실을 알면서도 교양 프로그램처럼 재미없는 TV 프로그램에는 집중하지 못하고 금방 채널을 돌리는 사람은 집중을 못 하는 사람이다. 책상에 얼마나 오래 앉아 있을 수 있는가도 학습 능력을 알아보는 좋은 수단이다. 금방 드러눕거나 한 시간 동안 화장실을 두세 번 들락날락하거나 자꾸 냉장고를 열어보거나 수없이 일어났다 앉았다 하면 학습 능력이 부족한 사람이다. 한 시간 집중해서 공부하고 일어나 몸을 스트레칭해줄 때 가슴속에 차오르는 뿌듯한 기분을 느껴보고 싶지 않은가? 그런 사람이 바로 학습 능력을 갖춘 사람이다. 학습 능력의 첫 번째 요소는 공부하는 습관이다. 인공지능과 로봇 시대라고 대단한 비결이 필요한 것은 아니다. 공부하는 습관만 잘 형성되어 있으면 생존할 수 있다.

## 디지털에는 독서라는 아날로그로 대처하자

똑같은 내용을 인쇄된 책으로 읽는 독서와 인터넷을 통해 읽는 웹서핑은 과연 이해력과 기억력에 차이를 보일까? 유명한 과학잡지 《사이언티픽 아메리칸》에 따르면 인쇄된 책으로 읽을 때 이해력과 기억력이 더 높아진다고 한다. 동일한 내용도 어떤 방식으로 접하는가에 따라 달라진다고 하니 어리둥절해질 수밖에 없다. 인쇄 매체로 읽으면 훨씬 더 많은 정보를 얻는다. 사람의 뇌는 책을 대할 때와 인터넷에서 웹서핑을 할 때 모드가 달라진다고 한다. 우리 뇌는 같은 내용에 다른 모드로 접근하는 것이다.

인공지능과 로봇의 시대에 어떻게 대응할까 고민한다면 정반대로 생각해보자. 어쩌면 아날로그적인 방법이 디지털의 화신인 인공지능과 로봇에 효과적으로 대처하는 방법이 될 수도 있다. 독서야말로 매우 효과적인 아날로그적

대처 방법이다. 무엇보다 독서만큼 공부하는 습관을 키우는 데 효과적인 방법은 없다. 학습 능력이 인공지능과 로봇 시대를 살아가는 가장 중요한 무기라면 이는 공부하는 습관이 필요하다는 뜻이며, 공부하는 습관을 키우는 가장 좋은 방법이 바로 독서다.

독서는 인공지능과 로봇을 들먹일 필요 없이 지금도 매우 유익한 학습 방법이다. 우리는 스트레스를 풀기 위해 종종 음악을 듣는다. 하지만 연구에 따르면 독서의 스트레스 완화 효과는 음악보다 뛰어나다. 영국의 서식스 대학에서 실시한 연구에 따르면 30분간의 독서가 스트레스 수준을 68퍼센트 낮춘다. 삶에서 좌절했을 때 찰스 디킨스의 소설 《데이비드 코퍼필드》를 읽으면 용기와 활력을 얻는다는 연구가 있다. 《데이비드 코퍼필드》는 유복자로 태어난 주인공이 고난을 겪다 사랑을 얻고 사회에서 성공을 거두는 인생담이 담긴 소설인데, 사랑 이야기가 상당 부분을 차지해 나름 재미있게 읽을 수 있다. 우리에게 힘과 용기를 준다는 연구 결과를 충분히 이해할 수 있을 만한 작품이다.

독서는 뇌 신경회로를 좋은 방향으로 재구성하고 학습과 관련된 뇌 영역을 확장한다. 독서는 기억력을 향상하고 타인의 생각과 감정을 파악하는 능력을 증진하며 지능을 높이고 놀랍게도 수명을 연장한다. 독서가 중요하다는 말에는 대부분 동의하지만 막상 실제로 책을 읽는 사람은 매우 적다. 자식에게 좋다면 뭐든지 물불 가리지 않고 시키는 부모가 독서가 좋다는 사실을 모를 리 없다. 하지만 독서를 시키기보다는 학원에 보내는 부모의 수가 압도적으로 많다. 지금 학원에서 아이들에게 공부시키는 내용을 보면 대부분 인공지능과 로봇 시대에는 아무 소용 없는 것들이다. 또한 학원에서는 수동적으로 지식을 받는 공부만 하기에 앞으로 닥칠 변화의 소용돌이 속에서 살아남는 데 필요한 능동적 학습 능력을 기르기 어렵다. 오히려 독서를 통해 공부하는 습관을 들이고 뇌를 강화하는 방법이 훨씬 좋다.

　　대학 입시를 코앞에 둔 수험생에게 입시를 집어치우고 책만 읽으라는 얘기는 아니다. 그러나 초등학생의 경우 학원에 보내 시키는 암기식 공부나 선행학습은 다가올 미래를 준비하기에는 매우 부적절한 방법으로 보인다. 독서를 통해 공부하는 습관을 몸에 배게 하고 학습 능력을 향상하는 것이 인공지능과 로봇 시대를 준비하는 더 적절한 방법이다. 그렇다면 중학생은 무엇을 해야 할까? 그것은 우리나라의 교육 개혁에 달려 있다고 생각한다. 4차 산업혁명 운운하며 호들갑을 떨면서 기업에 돈 나눠줄 생각만 하고 있다면 큰일이다.

세계적인 과학잡지 《네이처》가 비판했듯이 인공지능에 1조 원 이상의 돈을 퍼붓는다면 무슨 일이 일어날지 빤하다. 1조 원으로 교육을 개혁해야 미래가 산다.

미국 기업에서는 상사에게 긴 보고서를 올릴 때 반드시 한 페이지짜리 요약본을 맨 앞에 첨부한다. 이것을 '이그제큐티브 서머리Executive Summary', 곧 상사에게 보고하는 '임원용 요약보고서'라고 부른다. 나는 대학원 학생에게 긴 논문을 몇 페이지로 요약하라는 과제를 자주 낸다. 물론 아무리 긴 논문이라도 한 페이지로 요약할 수 있지만 우리나라 학생들에게는 아직 낯설 터이기에 몇 페이지로 요약하라는 비교적 쉬운 과제를 내준다. 학생의 요약문을 읽어보면 한국 교육의 문제가 적나라하게 드러난다. 논문 여기저기에서 중요한 문장을 잘 짜깁기한 요약이 대부분이다. 논문을 소화해 자기만의 요약문을 만든 과제물은 거의 없다. 만약 한 페이지로 요약하라고 하면 어떤 요약문을 가져올까?

인공지능과 로봇 시대를 준비하는 데 학습 능력이 중요하다면 독서를 하자. 단순히 책만 읽는 독서에 두 가지를 추가하면 독서 효과가 열 배, 스무 배 늘어나는 부가가치 창조형 독서를 할 수 있다. 첫째, 생각을 많이 해야 한다. 사람들은 사고력이 중요하다고 말한다. 사고력을 증진하는 가장 좋은 방법이 바로 독서다. 지식과 정보를 얻는 데 그치지 말고 독서를 사고력 증진의 기회로 삼아야 한다. 인공지능은 몇 초 만에 수백 권에 달하는 책과 문서를 섭취한다니 사고력이 아닌 주입식 방법으로는 인공지능에 대응할 수 없다. 예를 들어 지식과 정보를 어떻게 응용할까 생각해본다든가 읽은 내용에 대해 토론하고 대화하면 사고력이 현저하게 증가한다. 초급 사고력, 중급 사고력 같은 과목은 없다. 골똘히 생각해보거나 토론과 대화를 통해 사고력을 증진하는 것이 제일 좋다. 둘째, 독서와 글쓰기의 연계다. 가장 쉬운 방법은 읽은 내용을 요약하는 것이다. 책을 읽고 몇 달이 지나면 대부분의 내용이 기억나지 않지만 요약본을 보면 '아하, 그렇지'라고 다시 기억을 되살릴 수 있다. 요약보다 더 좋은 방법은 책을 읽으면서 떠올린 생각과 아이디어, 토론과 대화를 통해 습득한 내용을 글로 써보는 것이다.

초등학생은 말할 나위 없고 이미 입시지옥을 거친 대학생과 직장인도 독서를 통해 공부하는 습관을 들이고 학습 능력을 배양해야 한다. 젊은 직장인은 시간이 지나면서 하나씩 일자리를 잃어가고 대학 때 배운 내용이 무용지물이 되며 새로 다시 공부해야 하는 무참한 현실에 직면하게 된다. 그때에 대비해 무엇을 배워야 하나 생각하지 말고 무엇이든 배울 수 있는 학습 능력을 길러야 한다. 일단 독서부터 습관화하자. 세계적인 베스트셀러 《사피엔스》를 지은 유발 하라리 교수는 "독서가 학교 공부보다 아이들에게 더 필요하다"고 조언했다. 나는 지금도 끊임없이 책을 읽는다.

# 미국 명문 사립학교는 매일 두 시간씩 운동을 시킨다

미국에서 공부할 때 성공한 부자 교포를 만난 적이 있다. 그분은 자식을 명문 사립학교에 보냈다. 명문 사립학교를 졸업하면 대부분 아이비리그 수준의 대학에 진학한다. 그 교포가 자식이 다니는 학교를 방문한 뒤 나에게 감탄의 소감을 말했다. 자기가 다시 젊은 시절로 돌아간다면 꼭 그런 곳에서 공부하고 싶다는 것이었다. 이분이 '이 학교는 이렇게 인재를 키우는구나'라고 감동받은 사례 중 하나는 문학 수업이었는데 유명한 소설을 몇 권 읽고 와서 학생들이 토론하는 형식으로 수업이 진행되었다고 한다. 그런 사립학교에서 근무하는 교사는 명문대학 출신으로 수준 높은 교육을 펼치며 그곳에서 주입식 교육은 아예 발붙일 엄두를 내지 못한다. 미국 공립학교는 평범한 직장인을 양성하지만 명문 사립학교는 리더를 양성한다.

한국에서도 한때 조기유학 붐이 일었다. 요즘은 다소 시들해진 느낌이지만 아직도 여유 있는 집안에서는 조기유학을 많이 보낸다. 어떤 집에서 애지중지하는 외아들을 조기유학 보냈다. 방학 때 아들이 귀국했는데 부모는 아들의 다리가 매우 굵어진 것을 보고 깜짝 놀라며 명문학교에 보냈더니 공부는 안 시키고 왜 운동만 시켰느냐고 불만을 쏟아냈다. 하루에 두 시간만 운동하고 나머지 시간에는 공부하는데 무엇이 문제일까? 게다가 공부하는 시간에는 정말 감탄할 만한 교육을 하는데 말이다. 운동 효과는 청소년기에 국한되지 않는다. 미국에서 실시한 한 연구에 따르면 국민이 운동하는 데 1달러를 투자하면 의료비가 3달러 줄어든다고 한다. 대한민국은 다른 나라에 비해 노인이 사망하기 전 병상에 누워 보내는 기간이 유난히 긴 나라다. 운동 부족이 가장 큰 이유라고 한다.

한국 사람은 운동의 장점에 너무 무지하다. 운동이 필요하다고 말하면 건강에 좋다는 식 이상은 받아들이지 않는다. 운동이 인격 형성에 얼마나 중요한지 모르고 사고력과 기억력을 증진한다는 말도 잘 믿지 않는다. 사고력과 기억력을 증진한다는 약도 있고 초음파 기기도 나왔지만 그것보다 더 효과적이라는 사실을 믿지 않는다. "공부를 해야 사고력과 기억력이 좋아지지 무슨 운동이야?"라는 사고방식이다. 미국의 유명 대학 학자들이 연구한 결과라고 하면 마지못해 수긍은 하지만 마음속 깊이 믿지는 않는다. 정말 믿는다면 모두가 아이들에게 운동을 시킬 것이다. 이 말을 듣고도 자녀에게 운동을 시키지 않는다면 운동의 중요성을 믿지 않는 것이다. 나는 유난히 운동을 싫어하는 우리 아이들에게 반강제로 운동을 시켰다. 학교에서 운동을 중시하지 않고 시간도 거의 할당하지 않기 때문에 집에서 운동을 시키는 것이 한국 입시 현실에서는 한계가 있음을 알았지만 나름 최대한 노력했다.

내가 아이들에게 운동의 중요성을 강조한 이유는 미국의 유명 대학 학자들이 연구한 결과 때문이 아니라 내가 직접 운동의 중요성을 깨달았기 때문이다. 나는 미국에서 유학하던 시절 많은 유학생이 나이가 어림에도 여기저기 아프다는 사실을 알고 직접 수영 수업을 신청해 들었다. 그 뒤로 평생 수영을 했는데 그렇게 하다 보니 운동만큼 중요한 게 없다는 사실을 깨달았다. 본격적으로 운동을 시작하기 전에는 책상에 앉으면 얼마 안 가 몸이 피곤해져 밑으로 내려가 눕거나 소파에서 쉬고 싶었는데 운동을 시작한 뒤로는 책상 앞에 잘 앉아 있게 되었다. 운동을 하면 머리가 맑아지고 공부 효율이 높아져 운동에 투자한 시간 이상의 효과를 본다. 운동을 하면 자신감과 용기가 생기고 무엇보다 균형 감각이 생겨 좋았다.

미국에 사는 교포들은 자식을 명문대학에 보내기 위해 운동을 시킨다. 미국은 대학 입시에서 운동을 정말 중요시하기 때문이다. 이런저런 운동을 시켜봤지만 자식이 운동에 소질이 없으면 운동 대신 예능을 시킨다. 음악이나 미술은 운동에 버금가는 특기로 인정되기 때문에 입시에 유리하다. 미국의 유명 정치인, 기업인을 보면 대개 운동을 잘하고, 운동을 잘하면 사회생활을 하는 데도 유리하다. 특히 기구 종목은 사회성을 길러주기 때문에 교육 효과가 크다. 운동의 장점이 너무나 많아 나는 내가 지도하는 학생들에게 끊임없이 운동의 중요성을 강조한다. 심지어 해외에서 공부하고 있는 제자가 스승의 날에 안부 전화를 걸어오면 반드시 "지금도 운동하고 있지?"라고 묻는다. 나는 운동예찬론자다. 공부하는 학자라면 반드시 운동을 해야 하며, 학자뿐 아니라 누구라도 운동을 해야 한다.

우리는 하루의 대부분을 거의 앉아서 생활한다. 사무직은 하루 종일 앉아서 일한다. 앉아 있는 시간이 길면 수명이 단축된다는 연구 결과가 있다. 하루에 한 시간이라도 운동을 하면 종일 앉아 일하는 결과가 미치는 악영향을 상쇄할 수 있다. 인공지능과 로봇 시대엔 학습 능력이 가장 중요하다. 학습 능력이란 공부하는 습관이고 공부하는 습관이란 책상에 앉아 집중하는 생활 태도이다. 운동은 집중력을 향상하고, 공부하는 습관을 형성하는 데 제일 좋은 방법이다. 나는 독서를 강조했지만 운동이 더 중요하다고 생각한다. 무엇이든지 배울 수 있는 능력이란 거창한 것이 아니다. 인내심을 가지고 집중할 수 있는 체력이 필요하다. 인내심을 증진하려면 어떻게 해야 할까? 초급 인내심, 중급 인내심 같은 과목은 없다. 하기 싫은 운동을 매일 하는 끈기, 힘든 운동을 해내는 데서 오는 인내심 배양은 인공지능과 로봇 시대의 생존 능력이다.

　　호주 정부는 어린 시절부터 몸을 움직일 것을 강조하는데 특히 만 3세부터 5세까지의 아동은 '최소 세 시간 이상 신체 활동을 하라'고 권유한다. 심지어 영·유아 모두 한 시간 이상 앉아 있거나 움직이지 못하게 하면 안 된다는 지침도 있다. 조금 극단적으로 표현하면 한국 초중고생에게 가르치는 수업 내용은 적게 배울수록 아이들에게 유익한 것들이다. 나는 초중고에서 매일 두 시간씩 운동을 강제했으면 좋겠다. 교육을 개혁한답시고 자꾸 교과목과 입시제도를 주물

럭거리며 엉망으로 만들어놓지 말고 매일 두 시간씩 운동하기부터 시작했으면 좋겠다. 인공지능과 로봇 시대에 쓸데없는 공부를 줄이는 방법은 운동 시간을 늘리는 것이다. 운동하면 뇌세포가 늘어나며 인지능력이 약간 개선되는 게 아니라 획기적으로 개선된다는 연구 결과를 절대 무시하지 말자.

## 스스로 공부할 수 있는 독학 능력을 갖자

　　과거 인공지능은 수십 년 동안 정체 상태에 빠졌다가 머신러닝 기법이 등장하면서 다시 발전하기 시작했다. 과거의 낡은 인공지능은 진정한 인공지능이 아니며 머신러닝부터가 진정한 인공지능이라는 주장도 나온다. 머신러닝 중의 하나인 딥러닝이 등장하면서 머신러닝, 곧 진정한 의미의 인공지능은 짧은 시간 안에 비약적으로 발전한다. 미국에서 대부분의 대학이 머신러닝 과목을 개설하기도 전에 기업에서 머신러닝 전문가를 필요로 하자 머신러닝 전문가 부족 사태가 심각해졌다. 특히 가장 최근에 등장한 딥러닝 과목은 아직 개설되지 않은 대학이 많다. MIT에서도 2017년 봄 학기가 되어서야 딥러닝 과목이 개설되었는데 과목 명칭은 자율주행 차이며 가르치는 내용은 딥러닝이다.

　　이미 대학을 졸업한 수많은 컴퓨터 전문가가 머신러

닝, 그중에서도 딥러닝을 배우지 못했다. 다시 대학에 돌아가 공부할 수도 없고 기업에서는 전문가를 필요로 하기 때문에 그들 상당수가 스스로 공부하는 방법을 택하고 있다. 미국에는 이미 MOOC Massive Open Online Courses라고 불리는 온라인 강의 사이트가 활성화되었다. 코세라 Coursera, 에드엑스 edX, 유다시티 Udacity, 칸 아카데미 Khan Academy 등이 가장 유명하다. 유명 대학의 실제 강의를 그대로 녹화해 제공하기도 하지만 순전히 온라인 강의를 목적으로 현직 대학 교수나 전문가가 강좌를 만들어 제공하기도 한다. 또한 IT 기업이 사례 중심 과목을 개발해 제공하기도 한다.

컴퓨터 과학 분야에는 보통 5년에서 10년을 주기로 새로운 문결이 밀려온다 따라서 이 분야에서 가장 앞서가는 교수나 연구원은 주기적으로 새로운 기술을 익히는 습관이 있다. 사실 알고 보면 인터넷은 등장한 지 얼마 되지 않았다. 인터넷은 PC 기반으로 출발해 이제는 모바일 기반으로 전환되었고 최근에는 인공지능이 등장해 이미 대학을 졸업한 컴퓨터 전문가들은 온라인에서 새롭게 인공지능을 배우느라 바쁘다. 컴퓨터 과학이 수많은 분야에 응용되면서 이러한 응용 분야의 교수나 연구원도 주기적으로 새로운 기술을 익혀야 하는 시대가 되었다. 생물학, 뇌 과학, 기계공학, 로봇공학,

항공우주공학, 조선공학은 물론이고 심지어 경제학, 경영학에서도 컴퓨터를 사용한다. 앞으로는 모든 분야에서 평생학습을 운명으로 여겨야만 전문가로서 도태되지 않고 계속 성장할 수 있다.

한국에서는 생소하게 들리겠지만 미국에서는 온라인 교육 사이트가 매우 보편화되어 있다. 심지어 MOOC에서 공부한 뒤 취업하기도 한다. 유다시티에서 공부할 수 있는 과목은 기업에서 제공하는 것이 많아 취업에 유리하다고 한다. 대부분의 과목이 무료이지만 과목을 수료했다는 증명을 받으려면 돈을 내야 한다. 수료증 Certificate을 이력서에 첨부해 스펙으로 활용하기도 한다. 인터넷 질문 사이트 쿼라에 들어가면 온갖 질문이 다 올라오고 여러 명의 전문가가 달라붙어 답을 제공한다. 가장 좋은 답이 앞에 위치하고 답의 수준에 따라 순서가 매겨진다. 인공지능에 관한 질문에는 세계적인 인공지능 전문가와 학자 또는 현직 교수가 답하는 경우가 많다. 심지어 캐나다 수상이 캐나다 IT 육성 정책에 대한 질문에 직접 답하기도 한다. 스스로 공부하려면 쿼라에서 학습에 대한 정보를 얻고 코세라, 에드엑스, 유다시티 같은 MOOC 사이트를 이용하면 된다.

인공지능과 로봇 시대에 새로운 직업을 얻기 위해 반

드시 독학을 할 필요는 없다. 미국에는 이과 분야 박사를 7주 동안 교육시켜 빅데이터 분석 전문가인 데이터 사이언스 전문가로 양성, 취업시키는 '인사이트 데이터 사이언스 펠로즈 프로그램Insight Data Science Fellows Program'이라는 기관이 있다. 모두 무료이며 산업계와 연계해 교육이 진행되기 때문에 현장에서 필요한 인력을 양성한다. 앞으로 인공지능과 로봇에 의해 수많은 실업자가 발생하면 학습 능력이 있는 사람은 이러한 기관에서 단기 교육을 받고 재취업하면 된다. 빅데이터 시대에 필요한 데이터 사이언스가 절대적으로 부족하기 때문에 최근에 이러한 교육기관이 많이 생겨났다. 앞으로 인공지능과 로봇 시대에는 두 가지 방법에 의해 새로운 직장을 구하리라 생각한다. 첫째, 독학하는 방법, 둘째, 새로운 직업에 필요한 지식을 기관에 다니며 직접 배우는 방법.

취업하기 위해 영어를 배우는 대학생이나 미국 대학원에 진학하기 위해 영어를 공부하는 학생의 경우 대개 독학이나 학원 중 하나를 선택한다. 꼭 학원을 다니며 공부해야 하는 학생이 있고, 중고생 때 배운 영어를 기초 삼아 독학하는 학생이 있다. 알고 보면 학원에 다니며 영어를 공부하는 경우는 토플이나 토익 점수를 올리기 위해 학원 교사의 수험 기법과 학원이 축적한 자료를 얻으려는 목적이 크다. 인터넷에도 온갖 좋은 영어 공부 자료가 넘쳐나고 EBS에도 좋은 영어 교육 프로그램이 있다. 스스로 공부하는 능력이 없다 보니 매번 학원에 의존한다. 학원에만 의존하는 사람은 인공지능과 로봇 시대를 살아가는 데 매우 불리하다.

요즘 아이들은 스스로 공부하는 능력이 부족하다 보니 대학에 진학한 뒤에도 과외를 받는 경우가 있다. 경제학이나 일부 경영학 과목처럼 수리적인 지식과 두뇌를 요구하는 과목 때문에 골치를 앓는 문과 학생은 대학원생이나 강사에게 과외를 받기도 한다. 이런 학생은 앞으로 상당한 어려움에 처할 수밖에 없다. 새로운 직업에 필요한 공부를 오직 과외를 통해서만 해결할 수는 없지 않을까? 집에 돈이 많지 않다면 불가능한 일이고 집이 부자라면 구태여 과외를 받아 취업할 필요가 있을까라는 생각이 든다.

대학원 박사 과정을 밟던 내 지도학생 중 두 명은 통계학 지식이 많이 필요하다는 걸 실감하고 방송통신대학에서 정보통계학으로 학사학위를 취득했다. 그중 한 명은 박사 과정을 마치고 대학 교수가 되었고, 이미 통계에 관한 교과서를 한 권 집필했다. 또 다른 한 명은 졸업하자마자 행정통계 과목을 가르치게 되었다. 둘 다 문과생이지만 이과 과목인 통계학이 중요하다는 사실을 알고 매우 적극적으로 공부했다. 무엇을 공부해야 할까 고민하지 말자. 우선 내 앞에 주어진 일을 하며 천천히 나아가자. 다만 필요하다고 느낀 분야를 언제든지 공부할 수 있는 학습 능력을 갖추면 인공지능과 로봇 시대를 두려움 없이 맞이할 수 있다. 우리는 과거와 달리 공부를 도와주는 시스템이 잘 갖추어진 시대를 산다. 독학 능력이 있다면 걱정할 필요가 없다.

## 비판하고 질문하고 문제를 해결하는 능력이 중요하다

중국은 춘추전국 시대에 여러 나라로 나뉘어 싸우다가 결국 진나라에 의해 통일된다. 춘추전국 시대에는 온갖 사상이 등장했는데 이를 제자백가 사상이라 부른다. 공자와 맹자도 제자백가 사상가에 속한다. 최초로 중국을 통일한 진나라는 '차이나China'의 어원이 된 나라이다. 진나라는 공자와 맹자의 유가 사상이 아닌 한비자의 법가 사상을 도입해 부강해졌고 그 힘으로 통일을 실현했다. 진시황은 통일 후 제자백가 사상이 사람과 세상을 혼란스럽게 만든다는 이유로 책을 모두 불태우고 학자들을 구덩이에 생매장하는 분서갱유를 단행한다. 그때를 학문의 자유가 억압된 암흑기라고 이야기한다.

인공지능과 로봇 시대에는 과거의 지식이 더 이상 필요 없게 된다. 《사피엔스》의 유발 하라리 히브리대 교수는 학교에서 배우는 내용 가운데 90퍼센트가 30년 뒤엔 쓸모없어진다고 주장한다. 이런 주장을 하는 사람이 비단 그만은 아니다. GE의 이멀트 회장은 기존 지식은 혁신에 방해가 될 뿐이며 혁신을 하려면 폐기학습, 곧 언러닝Unlearning이 필요하다고 주장한다. 언런Unlearn이란 배운 내용을 고의적으로 잊는다는 의미이다. 마치 분서갱유를 하듯이 과거의 모든 지식을 일단 폐기하고 볼 일이다. 진시황의 분서갱유는 학문의 자유를 억압하는 암흑기의 사례이지만 4차 산업혁명 시대의 언러닝은 인공지능과 로봇 시대를 자유롭게 날기 위해 필요한 희망의 행동이다.

　　정부는 4차 산업혁명에 대비한다고 수조 원의 돈을 기업이나 학교에 어떻게 나눠줄까 고민하기 말고 교육부터 개혁해야 한다. 언러닝의 핵심은 교육개혁이고 교육개혁의 핵심은 언러닝이다. 잘못된 교육제도 아래에서 수조 원을 퍼붓는 건 밑 빠진 독에 물 붓는 꼴이다. 그 돈으로 차라리 기숙사를 짓는 것이 낫다. 지금 필요한 개혁은 개혁이라기보다는 천지가 개벽할 환골탈태여야 한다. 따라서 무엇부터 시작해야 할지도 막막하다. 이제 인공지능이나 로봇이 할 수 있는 일을 인간이 하려 하지 말고 어떻게 인공지능과 로봇을 활용하고 보완할까를 고민해야 한다. 이것이 언러닝이다. 지금도 인공지능을 들먹일 필요 없이 동영상 강의만으로 충분히 공부가 가능한데도 수많은 학생을 한자리에 모아놓고 강의를 한다. 이제 옥스퍼드 대학이나 케임브리지 대학에서 행하는 튜터식 교육 시대가 도래할 것이라고 생각한다. 인공지능이 강의만이 아니라 소그룹 중심의 토론 교육과 1 대 1 교육까지 담당한다면 대학 교수는 연구에 보다 전념할 수 있다.

앞서 언급했듯이 IBM의 왓슨이 가천대학병원에 도입되어 의사와 진료 경쟁을 시작했다. 그렇다면 앞으로는 의대의 교육이 달라져야 하지 않을까? 의료 지식을 머리에 잔뜩 집어넣는 교육이 아직도 행해지고 있으나 인간의 기억력이 아무리 좋다 한들 매일 수십 편의 논문과 임상기록을 공부하는 IBM 왓슨을 이길 수는 없다. 차라리 진료는 인공지능에게 맡기는 것이 어떨까. 인공지능을 활용할 수 있는 기초 지식을 갖춘 뒤에 문제 해결 능력, 곧 환자를 치료할 수 있는 능력을 배양하는 것이 더 중요하다.

불필요한 내용을 폐기하는 언러닝이란 비판적으로 사고해 무엇을 배우고 무엇을 배울 필요가 없는지 가려내는 행위이다. 언젠가 인공지능은 인간보다 훨씬 뛰어나게 비판적으로 사고하겠지만 당분간 비판적 사고는 인간의 영역이 되리라 생각한다. 인공지능과 로봇을 들먹이지 않더라도 비판적 사고는 과거에도 중요한 지적 역량이었다. 다만 지금은 지적 영역에 혁명적인 회오리바람이 불고, 비판적 사고가 과거보다 더 중요해졌을 뿐이다. 지적 영역의 많은 부분을 인공지능에게 넘기고 나면 비판적 사고야말로 오랫동안 인공지능에게 넘기지 않아도 되는 영역이 된다. 설사 인공지능이 인간지능을 능가하는 시대가 되어도 비판능력이 뛰어난 인간은 인공지능과 더불어 부가가치를 창출할 것이다.

비판적 사고는 의문을 갖는 태도, 질문을 하는 능력과 밀접하게 관련된다. 우리가 무심코 당연하다고 생각하는 것에 의문을 갖고 질문을 하면 잘못을 찾아내는 비판적 사고가 형성된다. 뭐든지 당연하다고 생각하지 말고 의문을 갖고 질문하는 습관은 이뤄야 한다. 흔히 학자의 지식인의 가장 중요한 역할이 비판이라고 말한다. 항상 의문을 갖고 질문하는 습관을 갖자. 앞으로 인공지능은 우리가 건네는 수많은 질문에 답해줄 것이다. 만약 인공지능이 답하지 못하는 문제를 찾는다면 그 사람은 인공지능 시대에 우리에게 필요한 인재일 것이다. 인공지능과 로봇 시대에 학습 능력이란 문제를 해결하는 능력이며 어떻게 배워야 하는가를 배우는 능력이다.

천재가 아니더라도 지식을 주입받지 않고 문제 해결 능력을 배양하면 성장한다. 프로젝트를 중심으로 배우는 공부가 최고다. 미래 교육은 아마 프로젝트를 중심으로 이루어지고 주입식 강의는 온라인에서 해결할 것이다. 컴퓨터를 전공한 사람에게 물어보면 컴퓨터 교육에서는 실전 프로그램이 가장 중요하다고 말한다. 프랑스에서는 주입식 강의 없이, 교수도 없이 프로젝트를 중심으로 교육하는 새로운 형태의 사립대학이 돌풍을 일으켰다. 문제 해결 능력은 문제를 중심으로, 곧 프로젝트를 중심으로 배양해야 한다. "문제가 문제다"라는 말은 문제를 잘못 골랐다는 의미이다. 따라서 끊임없이 좋은 질문을 할 때까지 많이 읽고 생각하고 써봐야 한다. 좋은 질문이 정해지면 그것이 프로젝트가 된다. 교육개혁의 핵심도 바로 프로젝트 중심의 교육에 있다.

우리가 언러닝을 하고, 의문을 갖고 질문을 함으로써 비판적 사고를 기르는 진정한 목적은 문제를 해결하는 데 있다. 앞으로 우리는 많은 문제를 인공지능에 맡겨 해결하지 않을까? 만약 인공지능이 해결할 수 없는 문제에 봉착했다면 아직 인간이 인공지능보다 나은 영역이 있다는 의미이다. 물론 특이점, 오메가가 다가오면 인공지능이 모든 면에서 인간을 능가하겠지만 그때까지는 인공지능이 해결하지 못하는 문제는 인간이 직접 해결해야 한다. 많은 사람이 세월호 사건을 떠올리며 몇 명이, 누가, 언제 비참한 일을 당했는지 기억하지 못한다. 인공지능에게 물어본다면 매우 정확하게 답해줄 것이다. 왜 세월호 사건이라는 비극이 발생했는지 묻는다면 지금의 인공지능은 답하지 못할 것이다. 진짜 인공지능이라면 인간이 판단한 답을 주입하지 않아도 답할 수 있어야 한다. 인공지능이 아직 이 수준에는 도달하지 못했기에 우리에겐 몇십 년이라는 여유가 있다. 특이점에 도달한 이후엔 과연 어떻게 될까? 쉽사리 예측할 수 없다. 그때까지는 의문을 갖고 질문하는 비판적 사고가 중요하다. 그 이후에도 비판적 사고와 문제 해결 능력을 갖춘 인재는 상대적으로 더 나은 대우를 받을 것이다.

## 협업 능력이 학습 능력의 일부분이다

인공지능은 오랜 겨울을 지나왔다. 몇십 년 전에는 많은 기대를 모았으나 생각보다 진척이 없자 인공지능에 대한 관심이 약화되었고 연구비 지원도 대폭 줄어들었다. 토론토 대학의 제프리 힌턴 교수는 수십 년 동안 인공지능 연구에 매달렸다. 인공지능이 거의 죽어갈 때까지도 포기하지 않았던 힌턴은 결국 인공지능의 대부라는 칭호를 받으며 인공지능을 살려내고 화려한 말년을 보내고 있다. 인공지능 연구로 부자가 되었음은 물론 1년의 반은 구글에서 일하고 나머지 반은 토론토 대학에서 강의하고 연구하는 삶을 살고 있다. 요즘 언론에 자주 등장하는 자율주행 차는 힌턴이 고안해낸 딥러닝 기법에 기초한 것이다.

힌턴은 케임브리지 대학에서 학부 시절 심리학을 전공했으며 에든버러 대학에서 인공지능에 대해 공부하고 박사학위를 취득했다. 인공지능 분야가 침체되어 있던 수십 년 동안 힌턴은 많은 연구자를 모았지만 그중 상당수가 인공지능에 발전이 없는 데 실망해 힌턴을 떠난다. 힌턴은 최종적으로 남아 있던 몇 사람과 딥러닝이라는 위대한 기술을 만들어낸다. 힌턴은 제자인 얀 레쿤, 요슈아 벤지오와 함께 딥러닝을 창시했다고 말할 수 있다. 딥러닝 덕분에 과거의 낡은 인공지능이 아닌 진정한 인공지능인 머신러닝은 오늘날 엄청난 성과를 일구어냈다.

인공지능 분야에서 제프리 힌턴보다 더 위대한 업적을 남긴 학자가 독일의 위르겐 슈미트후버다. 오늘날 인공지능에 들어가는 거의 대부분의 기법을 창시한 독창적인 천재로 이름 높은 슈미트후버는 초창기만 해도 사람들의 관심을 끌지 못했고, MIT에서 논문을 거절당하는 수모까지 겪었다. 하지만 지금은 제프리 힌턴과 더불어 인공지능의 대부라 불린다. 어쩌면 진정한 의미에서 그가 제프리 힌턴보다 더 뛰어나고 독창적인 인공지능의 대부일 수 있다. 오늘날의 인공지능은 거의 대부분 슈미트후버화되었다고 할 정도로 그가 제시한 아이디어가 발전해 인공지능을 이끌고 있다. 딥러닝의 최초 아이디어도 그가 제시했다고 볼 수 있다. 그는 제프리 힌턴이 제자인 얀 레쿤, 요슈아 벤지오와 서로 논문을 인용하는 방식으로 자신의 아이디어를 훔쳤다고 주장한다. 슈미트후버는 딥러닝을 강의하는 학회 행사에 들어가 "집어치워"라고 소리치며 자신의 아이디어를 훔쳐갔다고 소동을 피워 유명해지기도 했다.

비록 위르겐 슈미트후버가 딥러닝의 탄생에 기여한 핵심 아이디어를 먼저 제시했을지라도 제프리 힌턴, 얀 레쿤, 요슈아 벤지오가 딥러닝을 더욱 발전시킨 사실은 부인할 수 없다. 무엇보다 독불장군 같은 슈미트후버보다 매력적인 인격의 소유자인 힌턴이 딥러닝 탄생에 결정적으로 기여했다고 생각된다. 만약 얀 레쿤과 요슈아 벤지오가 없었더라면 힌턴은 딥러닝을 완성하지 못했을 것이다. 협업 능력은 최근 과학 연구에서 더욱 강조되고 있다. 우리는 과학자라고 하면 실험실에서 홀로 괴팍스럽게 연구에 몰두하는 괴짜를 연상하지만 오늘날과 같은 융합 시대에는 여러 사람의 역량을 잘 결합하는 협업 능력이 매우 중요하다.

인공지능이 서로 얼마나 협업할지는 아직 아무도 모른다. 인공지능이 우리에게 위협이 될지 아니면 우리를 돕는 보조자가 될지도 아직 모른다. 그러나 인공지능이 발전하는 데 힌턴의 협업 능력이 기여했듯이 앞으로 인공지능에 대항할 수 있는 경쟁력은 인간의 협업 능력에서 나올 것이다. 만약 인공지능이 서로 협업해 가공할 힘을 발휘한다면 생각보다 빠른 시간 내에 인간지능을 능가할지도 모른다. 인공지능이 협업하는 수준에 도달할 때까지는 상당한 시간이 필요하겠지만 언젠가는 인공지능이 인간지능을 능가하는 특이점에 도달한다. 그때에는 협업이 더 도움이 된다는 사실을 깨닫고 인공지능이 인간보다 협업을 더 잘할지 모른다.

특이점에 도달할 때까지 인간은 협업을 통해 부족한 인간지능을 보완하고 강화해야 한다. 제프리 힌턴이 혼자 연구했더라면 결코 딥러닝을 발전시키지 못했을 것이다. 따라서 그의 학습 능력 또한 협업 능력에 상당 부분 의존한다. 협업 능력은 학습 능력의 중요한 부분을 차지한다. 이기적인 인간은 다른 인간을 이길 수 있지만 이기적인 집단은 결코 이타적인 집단을 이기지 못한다. 요슈아 벤지오는 여러 기업의 유혹을 물리치고 아직도 꿋꿋하게 대학을 지키고 있다. 가르치는 것이 좋아서라고 말하는 그는 학생에게 친절하고 훌륭한 인격의 소유자라는 평판을 듣고 있다. 제프리 힌턴, 얀 레쿤, 요슈아 벤지오는 이타적 집단으로서의 성격을 보인다. 그들의 협력 아래 인공지능은 중요한 돌파구를 찾았다. 좋은 팀을 만들려면 인간관계를 잘 맺고 유지하는 사람이 되어야 하고 소통 능력, 배려심, 상대의 마음을 읽는 능력, 상대의 반응을 예측하는 능력, 설득하는 능력이 필요하다. 이러한 능력은 단지 좋은 인격을 갖춘 사람, 인간관계를 잘 맺는 사람이 되기 위해서만이 아니라 문제 해결과도 관련되기 때문에 반드시 필요하다. 이제 혼자 연구하고 일하는 시대는 지나갔다. 무엇이든 업적을 이루려면 협업 능력이 필요하다.

세계 최고의 의과대학이자, 세계 최고의 병원을 가지고 있는 존스 홉킨스 의대는 환자가 오면 여러 분야의 의사가 모여 어떻게 치료할지 결정한다. 환자를 치료하기 위해 모든 의료 지식을 종합적으로 동원한다면 치료라는 문제를 훨씬 더 잘 해결할 것이다. 모든 의료 지식을 종합적으로 동원하려면 각 의료 분야의 전문가가 모여 서로 협업할 수 있어야 한다. 앞으로 교육이 프로젝트 중심으로 전환되면 처음부터 끝까지 문제 해결 중심의 교육이 되고 문제를 해결하기 위해 필요한 지식, 정보, 기술 못지않게 협업 능력이 중요해질 것이다. 학습 능력은 문제를 해결하기 위해 필요하다. 따라서 학습 능력에는 당연히 협업 능력도 포함된다.

생각하지 않고 살면
사는 대로 생각하게 된다.
읽고 생각하고 쓰라

세계 최고 명문대학은 어디일까? 전공 분야에 따라 다르겠지만 여러 가지를 종합하면 아직도 하버드 대학이라고 말할 수밖에 없다. 하버드 대학은 여러 분야에서 수많은 인재를 배출했다. 하버드 대학이 최고 대학이라면 하버드 졸업생은 최고 인재다. 최고 인재들은 졸업 우 직장 생활을 하면서 어떤 능력이 제일 중요하다고 느꼈을까? 조사에 따르면 90퍼센트 이상이 '글쓰기'라고 답변했다. 인공지능과 로봇 시대에 갖춰야 할 뛰어난 학습 능력에는 당연히 글쓰기 능력이 포함된다.

논술 시험에서 문법에 맞는 문장, 맞춤법이 맞는 문장을 썼다고 좋은 점수를 받는 경우는 거의 없다. 내용이 좋아야 한다. 많은 정보와 자료가 머리에 저장되어 있어도 글로 옮기지 못하면 아무 소용이 없다. 분량은 채웠지만 알맹이 없는 내용만 잔뜩 나열한 글은 단 한 줄의 명문만 못하다. 좋은 글을 쓰려면 사고력이 좋아야 한다. 많이 읽고 생각하고 쓰면 학습 능력이 좋아진다. 학습 능력이 뛰어나다면 많이 읽고 생각하고 잘 쓴다는 의미이다. 인공지능과 로봇 시대에 잊지 말고 항상 기억해야 할 표현은 "많이 읽고 생각하고 쓰라"이다. 이 말이 단순하고 진부하게 들린다면 학습이라든가, 인재라든가, 지능이라는 것에 대해 잘 모른다는 증거이다.

우리나라 대부분의 성인 남녀가 직장 생활을 한다. 직장 생활이란 결국 문제 해결에 종사하는 것이라 볼 수 있다. 기업은 더 많은 제품을 팔아 더 많은 이익을 남기기 위해 수많은 문제를 해결해야 한다. 정부는 사회문제를 해결하기 위해 정책을 수립하고 집행한다. 문제 해결 능력이란 궁극적으로 학습 능력에 달려 있고, 결국 많이 읽고 생각하고 잘 쓰는 사람이 직장에서도 성공한다. 인공지능과 로봇 시대에 어떤 직업이 새로 생겨날지 모르지만 그때에도 살아남으려면 이 점을 유념해야 한다. 이 중에서도 생각하는 능력이 특히 중요하다.

스티브 잡스가 세상을 떠난 후 애플을 이끌고 있는 CEO 팀 쿡은 4차 산업혁명 시대에 여러모로 의미심장한 메시지를 던졌다. 그는 "컴퓨터가 인간처럼 생각한다면 걱정이 안 되지만 인간이 컴퓨터처럼 생각한다면 걱정이 된다"고 말했다. 컴퓨터처럼 생각하는 사람은 컴퓨터로 대체되지만 컴퓨터와 다르게 생각하는 사람은 살아남는다. 어차피 우리가 인공지능, 로봇과 경쟁할 수 있는 시간은 30년에서 50년 정도이다. 그 이후에는 인공지능, 로봇이 우리처럼 생각하거나 우리 이상으로 생각하는 능력을 갖는다. 그때까지 우리는 컴퓨터와 다른 사고 능력을 가져야 한다. 물론 그 이후에도 인공지능과 다른 사고 능력을 가질수록 더 좋은 대우를 받을 것이다. 만약 정보와 지식을 저장하고 앵무새처럼 기억해 기계적으로 적용한다면 인간은 컴퓨터와 다름없다. 이런 종류의 일을 할 때 인간은 오류를 많이 저지르지만 컴퓨터는 한 치의 착오도 저지르지 않는다. 이런 종류의 일이라면 4차 산업혁명 운운할 필요 없이 지금이라도 당장 컴퓨터에 맡길 수 있다. 단 몇십 년 만이라도 인간이 인공지능, 로봇보다 뛰어날 수 있는 기간에 우리는 인간처럼 사고하는 능력을 충분히 개발해야 한다. 그 이후는 잘 모른다. 어차피 인공지능, 로봇과 어떤 관계를 맺는가에 따라 인간의 미래가 결정될 것이기 때문이다.

　　인간이 컴퓨터처럼 사고해서는 아무런 이득도 얻을 수 없지만 컴퓨터를 이용해 문제를 해결하려면 컴퓨터 계산적 사고, 곧 컴퓨터로 문제를 해결할 수 있도록 문제를 컴퓨터에 맞추어 재구성하는 능력이 필요하다. 우리에게는 인간처럼 사고하는 능력과 더불어 컴퓨터 계산적 사고도 필요하다. 나는 학부 때도 석사 때도 박사 때도 문과생이었지만 컴퓨터 프로그래밍을 배운 덕분에 박사 논문을 쓰면서 문제를 해결하는 데 컴퓨터 프로그래밍을 사용했다. 내가 컴퓨터 계산적 사고를 이용하지 않았더라면 박사 논문에 필요한 시뮬레이션을 하지 못했을 것이 분명하다. 요즘 한국에서도 초등학생 사이에 컴퓨터 코딩 열풍이 불고 있지만 코딩을 목적으로 할 게 아니라 코딩을 통해 컴퓨터 계산적 사고를 익혀야 한다. 컴퓨터 계산적 사고는 컴퓨터처럼 사고하는 것이 아니라 문제를 해결하는 데 컴퓨터를 어떻게 사용할 수 있는가 파악하는 능력이다.

인공지능과 로봇이 인간을 뛰어넘는 몇십 년 후에도 사고력이 뛰어난 인간은 어쩌면 인공지능, 로봇과 함께 일하며 인간의 리더 노릇을 할지 모른다. 오늘날 젊은이들은 조금이라도 귀찮은 일은 하지 않으려 한다. 그러다 보니 생각조차 멈추었다. 감정과 말초신경이 반응하는 대로 행동하고, 행동을 생각이 뒤따라간다. 물론 행동과 사고는 상호의존적이고 구별이 모호하다. 하지만 문제를 해결하기 위해 골똘히 생각하는 능력은 인공지능과 로봇이 인간의 능력을 넘어선 이후에도 여전히 필요하다. 귀찮은 일은 질색하는 현대인은 생각조차 편의주의에 젖어 있다. 사고력은 급속도로 하락하고 학습 능력은 붕괴되었다.

'아마존 고'라는 슈퍼마켓에는 종업원도 계산대도 없다. 고객은 슈퍼마켓에 들어와 휴대폰에 설치된 '아마존 고' 앱을 켜면 된다. 고객이 원하는 물건을 장바구니에 담으면 인공지능이 고객이 선택한 물건을 파악한 뒤 미리 등록된 신용카드로 자동 결제한다. 이렇게 편리하게 살다 보니 갈수록 귀찮은 일을 꺼리는 생활 습관이 형성된다. 생각하지 않고 행동하면 행동하는 대로 생각하게 된다. 인공지능 시대의 생존 비결인 학습 능력 증진을 위해서리도 생각해야 한다.

당신이 하고 있는 일이 몇 초만 생각해도 할 수 있는 일이라면 곧 인공지능으로 대체될 게 확실하다. 당신이 하고 있는 일이 몇 시간 동안 생각해야 하는 일이라면 조금 더 늦게 인공지능으로 대체되리라 생각한다. 당신이 하고 있는 일이 몇 년간 생각해야 하는 일이라면 어쩌면 인공지능이 당신의 사고력을 필요로 할지 모른다. 《하버드 비즈니스 리뷰》의 편집장인 니콜라스 카는 저서 《생각하지 않는 사람들》에서 생각하는 법을 잊어버린 듯이 보이는 인간을 걱정한다.

인공지능이 인간지능을 능가하는 시점이 언제가 될지 모르지만 인간의 사고력은 여전히 중요하다. 인공지능의 대가인 위르겐 슈미트후버는 인공지능이 언젠가는 인간을 개미 정도로 취급하며 아예 관심도 갖지 않을 것이라는 암울한 예측을 한다. 인간이 개미의 신세가 되더라도 사고력이 뛰어난 개미가 되는 게 좋다. 만약 인공지능이 인간지능을 능가하는 시대가 생각보다 더디게 온다면 인공지능을 마음껏 활용하기 위해서라도 사고력을 갖추어야 한다. 단순한 창의력과 감성이 아무 소용 없듯이 단순한 사고력은 쓸모가 없다. 깊고 뛰어난 사고력, 탁월한 감수성과 창의력은 특이점 이후의 시대에서도 여전히 중요하다. 정말 진지하고 치열하게 사고력을 높여야 한다.

## 무엇이 중요할지 모르니 다양한 기본 역량을 기르자

　　온라인 쇼핑몰 '아마존' 때문에 일자리를 잃은 사람이 이미 수십만 명이다. 일자리를 잃지 않으려면 혹은 잃더라도 즉시 새로운 일자리를 얻으려면 어떤 능력을 갖춘 인재가 되어야 할까? 학습 능력 이외에도 우리에겐 많은 역량이 필요하다. 판단력, 균형 감각, 종합 능력, 인내심, 열정, 유연성, 개방성, 창의력, 배려심, 통찰력, 예지력, 직관, 적응력, 도덕성 등 흔히 인간이 갖추어야 할 기본 역량이라 부르는 것 중 무엇이 중요해질까? 물론 이러한 역량은 부분적으로 학습 능력과 관련되지만 학습 능력이 이러한 역량을 모두 대변하지는 않는다.

　　우리는 앞에서 미래에 대한 예측이 대부분 틀렸다는 사실을 살펴보았다. 미래에 대한 예측이 점성술과 다름없다면 굳이 미래를 예측하려 할 필요가 없다. 큰 흐름과 방향은 살펴봐야 하지만 오직 모를 뿐이라는 자세를 가지고 나아가야 한다. 따라서 미래를 예측하려 하지 말고 미래를 배워야 한다. 미래를 배우는 방법은 특정 과목을 공부하는 것이 아니라 학습 능력을 배양하는 것이다. 인간에겐 학습 능력 이외에도 일을 잘하는 역량이 필요하다. 어떤 세상이 올지 모른다면 무엇이 가장 중요한 역량이 될지도 모르는 일이다. IT 시대가 되자 "빨리 빨리" 하는 성격이 중요한 장점이 되었다. 인공지능과 로봇 시대에는 어떤 역량이 상대적으로 더 중요할지 아무도 모른다. 따라서 흔히 인간이 갖추어야 할 기본 역량이라고 자주 거론되는 판단력, 균형 감각, 종합 능력, 인내심, 열정, 유연성, 개방성, 창의력, 배려심, 통찰력, 예지력, 직관, 적응력, 도덕성 등을 골고루 갖추어놓는 것이 좋다.

우리는 어떤 사람이 주어진 정보나 지식을 뛰어넘어 무엇인가를 잘 예측하면 흔히 육감 혹은 제육감第六感이 발달했다고 말한다. 요즘은 사물과 현상이 어떻게 연결되는가를 파악하는 능력을 네트워크 파악 능력, 곧 제칠감第七感이라고 하는데 이것은 대상을 보고 연결고리를 알아내고 연결고리를 따라 어떻게 변화하는지 예측하는 능력이다. 미래를 예측하기 어려운 오늘날에는 제육감도 중요하고 모든 것이 서로 연결되는 사물인터넷 시대에는 제칠감도 중요하다.

인공지능 알고리즘을 활용하는 전문가가 되는 데 필요한 기술은 6개월 정도면 배운다. 인공지능 알고리즘을 만들고 수정하는 전문가가 되는 길은 쉽지 않다. 따라서 취업에 필요한 인공지능 활용 전문가가 되는 데에는 꼭 대학 학위가 필요치 않다. 무슨 기술이든 배울 수 있는 학습 능력은 다양한 기술을 배울 수 있는 사람이 되는 방법이다. 우리에게 무슨 일이 닥칠지 모른다면 다양하게 준비를 해놓아야 한다. 다만 살아가는 과정 중에서 세상의 방향과 흐름에 비추어볼 때 이게 내 길이다 싶은 영역을 발견하면 그때부터는 전문가의 길을 걸어야 한다. 곧 얕게 대처하되 순식간에 깊어질 수 있는 준비를 갖추라는 말이다.

인공지능이 인간지능을 능가한 후에도 인류는 여전히 많은 강점을 가진 존재일지 모른다. 인간은 인간의 뇌에 대해 아직 1퍼센트도 알지 못한다. 최근 인공지능이 비약적으로 발달한 것은 인간의 뇌를 모사한 결과다. 이 세상의 모든 것은 독자적인 실체를 갖고 있지 않으며 항상 다른 것과의 상호작용과 의존 속에서 파악된다. 인공지능과 인간지능도 서로 구별되지 않은 채로 발전한다. 만약 인공지능이 비약적으로 발전하고 인공지능에 의해 인간지능이 상당 부분 보완된다면 인간지능이 인공지능의 도움을 받아 진화할 수도 있다. 따라서 오늘날 인간의 뇌와 미래 인간의 뇌는 상당한 차이가 날 것이다.

우리가 학습 능력 이외에도 다양한 기본 역량을 갖추고 있으면 인공지능에 의해 증강된 지능을 가질 수 있다. 다양한 기본 역량을 갖춰야 하는 이유는 인공지능과 인간지능이 어떤 방식으로 결합해 시너지를 낼지 모르기 때문이다. 지금 우리에게 성큼성큼 걸어오는 인공지능을 보면 두려움이 느껴지지만 정말 생각지도 못한 취약점이 발견될 수 있다. 지금의 인간지능은 인공지능의 상대가 되지 못할 것처럼 보이지만 인공지능에 의해 강화되면 인간의 지능은 꿈꾸지 못한 최상의 지능이 될 수도 있다. 오늘날은 회계 기술, 컴퓨터, 공학 기술 같은 하드스킬보다 소프트스킬이 더 중요한 시대라고 한다. 앞서 언급한 기본 역량, 곧 판단력, 균형 감각, 인내심, 열정, 유연성, 창의력, 배려심, 통찰력, 예지력, 직관, 적응력, 도덕성 등은 소프트스킬이다. 그리고 무엇보다 중요한 역량은 커뮤니케이션 능력과 협업 능력이다.

도박사들은 상대가 어떻게 나올지 모르니 다양한 카드를 준비해야 한다고 말한다. 우리가 미래를 맞이하는 마음도 이와 비슷해야 한다. 도박이라고 생각될 만큼 미래는 불확실하고 위험하다. 우리가 다양한 카드를 갖고 있어야 인공지능을 그만큼 다양하게 활용할 수 있고, 인간지능도 그만큼 증강된다. 무슨 기술이든지 배울 수 있는 학습 능력과 우리가 흔히 바람직하다고 평가하는 기본 역량을 갖춘 사람이 바로 다양한 카드를 가진 사람이다. 언어의 장벽이 무너진다면 외국어를 배울 필요가 없어지겠지만 그래도 나는 외국어를 어느 정도는 공부해놓는 것이 좋다고 생각한다. 컴퓨터 코딩 역시 마찬가지다. 다양한 역량을 키우려면 체험을 많이 하는 것이 중요하다. 어렸을 때 여러 분야의 책을 많이 읽고 다양한 문화를 체험해야 한다. 우리나라 안에서 여러 문화를 체험하기보다는 각 나라에 직접 찾아가 그 나라의 문화를 체험하는 것이 훨씬 더 효과가 크다.

과거 아날로그 시대에는 그저 우직하게 성실하기만 해도 먹고살 수 있었지만 인공지능과 로봇 시대에는 큰 방향과 흐름을 파악하고 다양한 기본 역량과 학습 능력을 갖춰야만 살아남을 수 있다. 과거의 방식대로 살아서도 안 되고 다가오는 흐름을 거스르려 해도 안 된다. 장기 흐름을 염두에 두고 단기 변화에 잘 대응해야만 한다. 적응이 적응 능력을 약화한다는 사실은 역설이다. 따라서 적응했다면 즉시 안주하지 말고 또 다른 세상에 적응하기 위해 변화해야 한다. 의도적으로 균형을 깨뜨리는 변화도 좋다. 부자는 대개 눈앞의 이익을 잘 챙기지만 시장의 추세가 바뀌면 누구보다도 빨리 대응한다. 학자가 장기 관점이라는 틀에 갇혀 눈앞의 이익을 놓치는 사이에 부자는 단기적으로 눈앞의 이익을 챙기면서 장기적으로 변화에 적응한다. 학자가 장기 이익을 기다리다 지쳐 눈앞의 이익에 눈길을 줄 때 부자는 학자가 말한 장기 이익을 향해 방향을 전환한다. 미래에 적응하는 지혜는 학자보다 부자를 참고할 필요가 있다.

## 인간의 학습 능력과 인공지능의 학습 능력이 경쟁할 수도 있다

어차피 머지않아 인간지능은 인공지능에 뒤떨어진다. 그 시점을 커즈와일은 2045년이라 예측했고, 위르겐 슈미트후버는 2050년이라 예측했다. 어떤 예측이 맞을지 모르지만 빠르면 30년 정도 남았다. 창의력이 있으면 괜찮다, 감성이 있으면 괜찮다 해봐야 결국 시간문제다. 차라리 인간이 인공지능보다 모든 면에서 뒤떨어질 때 무엇이 인간의 강점이 될 수 있을까를 생각해봐야 한다. 전혀 다르게 생각해보자는 말이다.

어렸을 때 자식은 부모한테 꼼짝 못 하지만 나이가 들어 머리가 커지면 부모의 말을 듣지 않고, 여기서 더 나이를 먹으면 나중에는 부모가 자식에게 쩔쩔매게 된다. 인간과 로봇의 관계도 이와 비슷하다. 처음에는 로봇이 인간에게 꼼짝 못 하지만 로봇이 학습을 통해 인간보다 더 똑똑해지면 인간이 로봇에게 쩔쩔맬 수밖에 없는 시점이 온다. 기계에게 학습을 시키면서 인간보다 똑똑해지지 못하도록 막는다면 모순이다. 학습이란 똑똑해진다는 뜻이다. 인공지능에 학습을 허용한다면 인간보다 똑똑해져도 된다는 허용과 다름없다.

주사기로 쌀알만큼 작은 반도체 칩을 손가락 사이에 통증 없이 이식하는 기술이 등장했다. 학생에게 칩을 이식하면 출석이 자동으로 체크되고, 학교 컴퓨터에 자동 로그인되며, 신용카드가 없어도 구내식당과 자판기 등을 이용할 수 있다. 이제는 출석체크, 대금 결제라는 문제를 해결하는 방법이 과거와 달라졌다. 인공지능과 로봇 시대에는 새로운 문제 해결 방법을 가장 잘 찾아내는 사람이 인재다.

무조건 열심히 일하는 사람보다 문제 해결 능력을 갖춘 사람이 더 유능하다. 만약 내가 행복에 관한 연구를 하기 위해 나를 도와줄 사람을 선발한다고 해보자. 나는 지원자가 행복과 관련된 분야를 전공했는지 보지 않겠다. 행복에 관한 자료, 정보, 지식을 통계적으로 분석할 능력이 있는가, 행복에 관한 자료, 정보, 지식을 근거로 새로운 부가가치를 만들어낼 수 있는가를 더 중요하게 볼 것이다. 즉 방법을 아는 사람을 뽑고 싶다. 인공지능 시대에는 인공지능이 온갖 자료, 정보, 지식을 더 많이 알고 있기 때문에 문제를 해결하는 방법 역시 과거와는 판이하게 달라질 것이다.

쌀농사를 짓는 농부는 열심히 농사짓기보다는 쌀의 유전자를 분석해 가장 적합한 농사법을 찾아내야 한다. 앞으로 인공지능은 유전자에 따라 가장 적합한 온도, 습도, 물의 양에 대해 알려줄 것이다. 우리는 이러한 자료, 정보, 지식을 직접 찾으려 하지 말고 인공지능과 분업을 하는 게 좋다. 문제를 해결하는 능력이란 무엇을 인공지능에게 맡기고 무엇을 직접 할 것인가 결정하는 능력이기도 하다. 인공지능에게 쌀농사를 학습시킨 뒤 인공지능을 활용해 문제를 해결하는 방법이 더 중요하다. 인공지능이 눈부시게 발전하는데 인간의 지능은 항상 제자리에 머물러 있을까?

블룸버그 통신에 따르면 생명과학 분야에서 요즘 혁명적인 연구 결과가 나왔다. 유전자 편집 기술은 최근 눈부시게 발전하는 분야인데 과학자들이 인간의 DNA에서 원치 않는 부분을 정확하게 도려내거나 원하는 특성을 DNA에 주입하는 기술을 발견했고, 이미 특허를 획득했다. 이 기술로 뇌 질환인 헌팅턴병을 치료할 수 있다니 이제 유전자 편집 기술에 의해 뇌 기능을 향상시킬 수 있는 시점에 도달했다. 인공지능의 발달은 이러한 유전자 편집 기술 발전에도 기여하며 인공지능 덕분에 인간지능도 비약적으로 도약할 수 있게 되었다. 어쩌면 유전자 편집 기술로 뇌를 타고난 수준보다 훨씬 더 뛰어나게 향상할 수 있을지 모른다. 누가 알겠는가? 모든 인간의 뇌가 영재 수준이 되도록 유전자 편집이 가능할지.

더구나 인간지능은 인공지능과 결합한다. 〈아이언맨〉에서 토니 스타크가 인공지능 컴퓨터를 자유롭게 자신의 분신처럼 사용하듯 앞으로 모든 인간은 자신만의 인공지능을 가질 것이다. 인공지능과 결합하는 것만으로도 뛰어난 인간이 될 텐데 유전자 편집 기술로 인간의 지능이 향상된다면 더 말할 나위가 없다. 인간이 인공지능을 통제하고 잘 사용한다면 인공지능은 영원히 인간의 지능을 뛰어넘지 못할지도 모른다. 물론 계속 똑똑해지는 인공지능이 인간의 통제를 벗어날 가능성이 매우 크지만 말이다. 설사 인공지능이 인간 지능을 뛰어넘는다 해도 인간의 지능 역시 계속 발전할 것이기 때문에 공상과학영화에 나오듯이 인간을 지배하는 인공지능이 그리 쉽게 나타나리라 두려워할 필요는 없다.

우리는 낙관 시나리오, 비관 시나리오를 모두 염두에 두고 미래를 설계해야 한다. 인공지능에 관한 대표 비관론자인 일론 머스크는 '뉴럴링크'라는 기업을 설립해 인간의 뇌에 칩을 이식해 인공지능과 연결시키려 하고 있다. 인공지능이 아무리 발달한다 하더라도 인간의 뇌가 이러한 방법을 통해 인공지능과 연결되면 '인공지능 플러스알파'인 인간이 탄생한다. 인간의 인지능력이 인공지능에 의해 증강되고 인간의 차별화된 역량에 인공지능이 더해지기 때문에 인간의 인지능력은 천재 수준에 올라서고 신의 영역에 근접하게 된다. 인간지능과 인공지능이 이런 식으로 결합한다면 인공지능에 관한 대표 낙관론자인 마크 저커버그의 견해처럼 인공지능이 인류에 기여할 것이다.

만약 인간지능과 인공지능이 서로 잘 결합해 각자 독자적인 실체가 없다고 믿게 된다면 이 둘이 하나로 인식되는 세상이 올 것이다. 내가 나의 인공지능을 보완하고 내 인공지능이 나를 보완한다면 나와 인공지능이 서로 공생관계를 맺을 것이고, 만약 하나라는 강한 일체감을 갖는다면 '인간적이다', '인간답다'라는 개념도 달라진다. 대화하고 협업하는 능력이 뛰어나다면 인간지능을 잘 활용하는 것은 물론 인공지능과도 잘 소통할 것이다. 인공지능과 소통할 때는 인간지능과 소통할 때와 달리 논리력, 일관성이 더 필요할 수 있다. 감성을 주입받은 인공지능은 비논리적이고 일관성을 결여한 인간을 이해할 수 있을지도 모르지만 인간지능과 똑같지는 않으리라 생각한다. 우리에겐 두 종류의 협업 능력이 필요하다. 첫째, 우리는 사람과 잘 소통해야 한다. 사람과 대화하고 협업하는 것도 제대로 하지 못한다면 과연 인공지능과 얼마나 잘 대화하고 협업할 수 있을까? 둘째, 인간과 인간 사이의 커뮤니케이션도 중요하지만 인간과 기계 사이의 커뮤니케이션 역시 중요해지는 시대가 온다. 기계와 커뮤니케이션하려면 컴퓨터에 관한 기본 지식과 기술을 습득해야 한다. 옛날에는 읽고 쓰는 능력을 갖추기 위해 문맹 퇴치 운동을 벌였다. 지난 몇십 년 동안은 외국 사람과 소통하기 위해 외국어 공부에 매진해왔다. 이제는 기계와 대화하기 위해 컴퓨터를 공부해야 하는 시기에 도달했다.

## 기초가 있어야 인공지능을 활용할 수 있다

　　전 세계 인구 중 지극히 적은 비율을 차지하는 유대인은 노벨상 수상자, 슈퍼리치, 예술가 등 수많은 인재를 내며 다른 민족이 감히 따라올 수 없을 만큼의 탁월한 업적을 이루었다. 이스라엘은 우리만큼 외적의 침입을 많이 받은 나라다. 아시리아의 침략을 받아 이스라엘 왕국이 멸망했고, 바빌로니아의 침략을 받아 유대 왕국이 사라졌다. 유대인은 페르시아와 로마의 지배를 받았으며 성경을 보면 유대인의 요구에 의해 로마 총독이 예수를 십자가에 못 박는다. 유대인의 성공 비결에 관해 여러 가지 주장이 있지만 다니엘 바이스 교수의 주장을 경청할 만하다. 유대인은 생존하기 위해 몸부림치면서 토론을 통해 합당한 대안만 수용하는 문화를 만들었다. 이것이야말로 문제 해결에 가장 필요한 문화이다.

　　교육을 문제 해결 능력 배양으로 정의하는 학자도

있다. 사회가 직면한 문제를 해결하기 위한 정책학 연구에서는 문제 인식 능력을 매우 중요시한다. 문제를 직접 만들지 못하면 다른 누군가가 만들어낸 문제에만 매달려야 한다. 가치와 철학에 관한 통찰력, 비판적 사고가 있어야만 가장 중요한 문제를 남보다 먼저 인식한다. 세상에는 해결하지 못한 문제가 넘쳐난다. 가장 중요한 문제를 가장 먼저 인식하는 능력이야말로 문제 해결의 첫걸음이자 리더십의 시작이다. 서울역 앞에서 노숙자를 보고 '뉴욕 맨해튼에도 노숙자가 있던데'라고 생각하면 노숙자 현상은 해결해야 할 문제로 인식되지 않는다. '1인당 국민소득이 3만 달러에 근접했음에도 노숙자가 있다면 문제'라고 인식하면 노숙자 현상은 해결해야 할 문제가 된다.

인공지능 시대에는 문제를 해결하기 위해 인공지능을 어떻게 활용해야 할까를 고민하게 될 것이다. 결국 인공지능이 문제를 해결하도록 하려면 문제를 어떻게 구성해야 하는지를 고민해야 한다. 통합하고 타협하는 능력은 당분간 인공지능이 할 수 없는 영역으로 남으리라. 판단하고 균형을 유지하는 업무도 인간의 개입 없이 인공지능이 하기에는 한계가 있다. 인공지능에 맡길 수 없는 일을 찾아내는 판단력도 중요하다. 알파고와 대적한 커제 9단의 고백처럼 인공지능은 이미 상당히 창의적이다. 이제 인간은 문제를 해결하기 위해 인공지능의 창의성을 활용해야 한다. 앞으로 인간은 기존의 내용과 방법을 잘 결합하는 수준의 창의력으로는 인공지능과 겨룰 수 없다. 기존의 내용과 방법을 뛰어넘는 새로운 패러다임을 만들어내는 수준 높은 창의력이 필요하다. 여러 분야를 융합해 새로운 아이디어를 만들어내는 방법이 대표적인 사례이다.

미리 준비하는 자세만으로는 문제를 해결하는 데 한계가 있다. 무엇이 필요한지 미리 안다면 애초에 문제가 되지도 않을 것이다. 문제 해결 과정에서 우리는 새로운 방법과 수단의 필요성을 절감한다. 문제 해결 과정에 필요하다면 어떤 방법과 수단이라도 배울 수 있는 학습 능력을 가져야 하는 이유가 바로 여기에 있다. 어떤 의사는 의대에 다닐 때 언젠가는 신약을 개발하겠다는 꿈을 품고 약리학을 찾아 스스로 공부했다고 한다. 그는 신약을 개발하는 데 무엇이 중요한지 알 수 없기에 약리학에만 몰두하기보다는 다양한 역량을 배양하려 노력했어야만 했는데 약리학에만 집중하다 보니 이제 와서 별 소용이 없더란다. 요즘은 약리학 지식보다는 바이오인포매틱스라는 컴퓨터 계산 기법이 신약 개발에 가장 중요하다. 하나에 모든 걸 다 쏟아붓지 말고 다양한 지식, 능력을 가지고 있어야 어떤 방법과 수단이라도 익힐 수 있는 대응 역량이 갖추어진다. 앞으로 10년 뒤에 신약을 개발하는 데 무엇이 가장 중요할지는 아무도 알 수 없다.

인공지능이 눈부시게 발전하고 있지만 우리의 우려와 달리 인간지능이 결코 인공지능에 뒤떨어지지 않을 수도 있다. 인간지능이 인공지능을 잘 활용할 수 있고, 유전자 편집 기술이 비약적으로 발전하면 인공지능보다 앞선 인간지능의 탄생이 가능하다. 따라서 우리는 인공지능을 우리와 별개로 보지 말고 우리가 활용할 수 있는 수단으로 생각해야 한다. 인공지능을 활용하려면 여전히 기초 지식이 중요하다. IBM 왓슨이 아무리 의사보다 인간을 더 잘 치료한다 해도 인간 의사는 필요하다. 그리고 의료에 관한 기초 지식이 없으면 인공지능을 활용할 수 없다. 인공지능이 모든 것을 알고 있다고 기초 지식 습득을 소홀히 한다면 인간 의사 노릇을 할 수 없다. IBM 왓슨이 있다고 아무나 왓슨을 활용할 수 있는 것은 아니다. 기초 지식을 습득한 사람만이 왓슨을 다룰 수 있다. 아무리 외국어 동시통역 소프트웨어가 발달해도 외국어 지식이 없으면 동시통역 소프트웨어를 잘 활용할 수 없다. 앞으로 언어 장벽이 무너질 테니 외국어는 배울 필요 없다고 단정 짓기 전에 최소 수준의 외국어 실력을 갖추어야 한다.

무엇보다도 높은 수준의 창의성을 발휘하려면 해당 분야에 대한 기초 지식이 반드시 필요하다. 창의성은 자료, 정보, 지식을 섭취해 돌연변이를 만들어내는 능력이다. 자동차 엔진에 관한 창의적인 아이디어를 얻고 싶다면 무엇보다도 자동차 엔진에 대한 기초 지식을 갖추어야 한다. 이러한 기초 지식이 있을 때에야 비로소 인공지능을 활용해 문제를 해결할 수 있다. 자신의 목적에 맞게 인공지능 소프트웨어를 활용하는 능력 또한 중요하다. 예를 들어 구글의 텐서플로라는 인공지능 소프트웨어를 활용한다면 훨씬 쉽게 문제를 해결할 수 있다.

어떤 문제든지 해결할 수 있는 학습 능력을 갖추려면 가장 중요한 문제를 가장 먼저 인식할 수 있는 능력이 필요하다. 문제 인식 단계 다음에는 자유롭게 토론하며 모든 사람의 지혜를 이용하는 문화가 있어야 한다. 해결해야 할 문제가 여러 분야에 걸쳐진 경우가 많기 때문에 융합적인 방법으로 해결책을 찾는 자세가 필요하다. 한 분야만이 아닌 다양한 분야에 대한 기초 지식 습득이 강조되는 이유가 바로 여기에 있다. 과거에는 하나의 영역에서 발생한 문제는 해당 영역의 지식으로 해결했다. 이제는 전혀 관련이 없어 보이는 영역이 결합되어 해결책을 만들어내는 시대이다. 무엇이 필요할지 모르기 때문에 무엇이든 배울 수 있는 학습 능력을 갖추어야 하고 무엇이 필요할지 모르기 때문에 다양한 영역에 대한 기초 지식이 있어야 한다. 아무리 학습 능력과 기초 지식이 있다 하더라도 문제 해결을 위해선 어떤 역량이 중요할지 모르기에 다양한 기본 역량을 갖추어야 한다.

# 학습 능력과
# 기본 역량이
# 없으면
# 어떻게
# 해야 하나?

4부

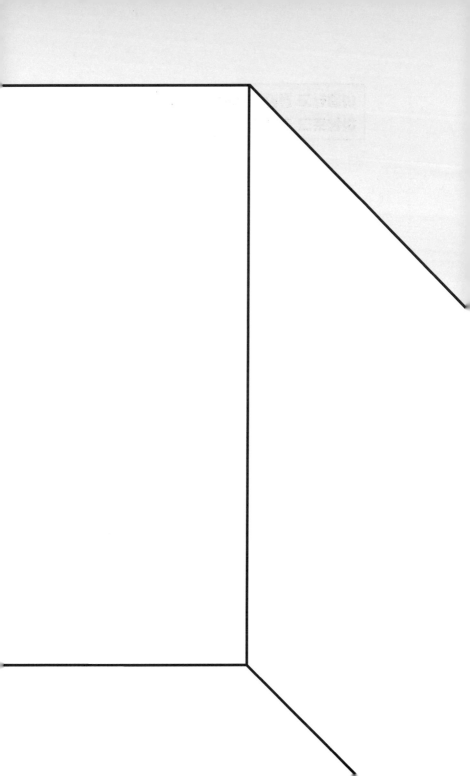

## 아름답고 건강한 몸은 아날로그 경쟁력이다

　　케네디 대통령과 닉슨 대통령은 대통령 선거 때 각 당의 대통령 후보로서 토론을 했다. 토론회를 TV로 시청한 국민은 케네디가 잘했다고 답했고, 라디오로 청취한 국민은 닉슨이 잘했다고 답했다. 잘생긴 케네디 대통령에 비해 늙고 못생긴 닉슨 대통령은 외적인 면에서 물리할 수밖에 없었고 이미지가 중요한 선거에서 패배했다. 닉슨은 나중에 다시 공화당 대통령 후보가 되어 대통령에 당선되었지만 케네디가 승리한 가장 큰 이유는 젊음과 잘생긴 용모가 주는 신선한 이미지 때문이었다.

　　미국에서 직장인을 대상으로 실시한 조사에 따르면 외모가 뛰어난 사람이 상대적으로 빨리 승진하고 더욱더 성공한다. 미국 대통령 선거 통계를 보면 키 큰 후보가 키 작은 후보를 이긴다. 미국만이 아니다. 한국에서도 외모가 잘생기면 사회생활을 하는 데 정말 유리하다. 능력이 아닌 잘생긴 외모로 사람들에게 관심을 받아 성공하는 사람이 주변에 한둘이 아니다. 외모지상주의를 한탄하지만 인간은 원래 이미지에 좌우된다. 인간은 시각정보를 받아 뇌에서 처리하는데 뇌 절반 정도가 시각정보 처리에 관련되어 있을 만큼 시각정보 처리는 뇌에서 중요한 부분을 차지한다.

인공지능이 로봇에 장착되어 인간 노릇을 한다 해도 아직 진짜 인간과는 거리가 한참 멀다. 아무리 로봇이 인간과 같은 피부를 가지고 인간처럼 생겼다 한들 가짜에 불과하다. 세계적으로 유명한 로봇 회사에 투자했다가 소프트뱅크에 매각한 구글은 '로봇이 너무나 못생겨서'를 매각 이유 중 하나로 거론했다. 로봇이 꼭 인간처럼 생겨야 할 필요는 없지만 인간을 닮은 로봇이 대거 등장할 것이 분명하다. 인간은 수십만 년 전, 수렵 생활을 하며 동굴에 살 때부터 그림을 그리고 아름다움을 추구했다. 하물며 인공지능과 로봇 시대라 하더라도 아름다움을 추구하는 본능은 결코 사라지지 않는다.

화가는 오래전부터 인간을 그려왔다. 인간, 특히 여성의 몸처럼 아름다운 대상은 없다고 말하는 화가가 많다. 아름답고 건강한 인간의 몸이야말로 최고의 예술품이다. 인공지능과 로봇 시대에 아름답고 건강한 몸은 가치가 하락하기보다는 매우 소중하게 인식되리라 생각한다. 아무리 학습 능력이 떨어져도 아름답고 건강한 몸을 가진 사람의 값어치는 매우 높을 것이다. 더구나 인공지능은 인간이 만든 자료를 학습하기 때문에 인간의 취향과 가치관이 개입된 자료를 학습하는 과정에서 아름다움을 판단하는 기준도 비슷해질지 모른다. 아름답고 건강한 몸은 인공지능과 로봇조차 좋아하지 않을까?

앞으로 환자를 돌보는 간호사 로봇이 나온다면 인간 간호사와 경쟁하겠지만 일부 돈 많은 부자는 완벽한 로봇보다 불완전한 인간 간호사를 선호할지도 모른다. CD로 듣는 음악보다 LP로 듣는 음악을 선호하는 마니아 때문에 싼 가격에 폐기되었던 LP판이 다시 부활했다. CD는 수천 번 재생해도 닳지 않지만 LP는 50번 정도 재생하면 닳아서 음질이 떨어진다. 게다가 CD는 잡음을 제거하는 녹음 기술을 사용해 선명하게 들을 수 있지만 LP는 지지직 하는 배경 잡음 속에서 음악을 들어야 한다. 그런데도 따뜻한 감성을 이유로 들며 불편하고 유지비가 많이 드는 LP를 고집하는 마니아가 있다.

기계가 하는 마사지보다 사람이 하는 마사지를 선호하는 사람은 로봇의 손길보다 인간의 손길에 따뜻한 감성이 있다는 등의 논리를 펴리라. 작가와 코미디언이 아무리 잘 짜인 감성 프로그램을 인공지능에 주입한다 해도 로봇의 유머와 공감은 인간의 유머와 공감에 비하면 왠지 찜찜하다. 로봇 강아지가 꼬리를 흔드는 것과 진짜 강아지가 꼬리를 흔드는 것이 결코 같을 수는 없다. 로봇이 더 무거운 중량을 들 수 있어도 인간은 여전히 역도를 할 것이다. 아름답고 건강한 몸이 인공지능과 로봇 시대에는 무용지물이라고 생각될지 몰라도 나는 가장 높이 평가되는 자산이 되리라 확신한다. 비록 로봇이 좋은 대화 상대라 할지라도 인간은 로봇보다는 진짜 인간과 대화하고 싶어 할지 모른다.

아무리 인공지능이 발달한다 해도 로봇에게는 머리에 해당하는 부분일 뿐이다. 인간의 뼈, 근육, 신경, 인대가 지닌 유연성과 적응력에 버금가는 로봇이 나오려면 상당한 시간이 소요될 것이다. 머리는 좋은데 몸은 둔한 인공지능 로봇에는 여러 가지 한계가 있다. 인간이 몸으로 무엇을 배우거나 일하는 모습을 보면 경이롭다. 아름답고 건강한 몸을 가진 사람은 여러 분야에서 로봇보다 훨씬 유리할 것이다.

인공지능과 로봇 시대에는 무엇이든 배울 수 있는 학습 능력을 갖추기 위해 공부하는 습관부터 들여야 한다. 공부하는 습관을 들이는 데는 독서나 운동이 매우 효과적이다.

우리는 공부하는 습관을 들이기 위해서만이 아니라 아름답고 건강한 몸을 만들기 위해서 성장기에 매일 두 시간씩 운동하는 습관을 가져야 한다. 성인이 되어 완전한 체격이 갖추어지면 매일 한 시간씩 운동하는 습관을 갖고 아름답고 건강한 몸을 유지해야 한다.

한국에서 하도 키를 중요시하다 보니 키 작은 사람의 서러움이 대단하다. "키가 10센티미터만 클 수 있다면 노예라도 되겠다"고 말하는 청소년이 있을 정도니 말이다. 이런 상황에서 아름답고 건강한 몸이 경쟁력이라고 말하면 얼마나 화가 날까 걱정도 되지만 나는 너무나 중요한 문제 앞에 정직하고 싶다. 인공지능 시대에는 웬만큼 공부 잘한다고 뽐내봐야 인공지능의 상대가 인 된다. 머리로 인공지능과 겨룬다면 오직 소수만이 경쟁력을 가진다. 어쩌면 우리는 아름답고 건강한 몸에서 인간다움이라는 돌파구를 찾아야 할지 모른다. 아름답고 건강한 몸으로 로봇과 겨룬다면 다수가 경쟁력을 가질 수 있지 않을까?

오늘날 시장자본주의 아래에서 외모는 중요한 자산이며 경쟁력이지만 이는 과거에도 마찬가지였다. "가난, 가난, 하지만 인물 가난만큼 서러운 것이 없다"라는 옛말처럼 인류는 항상 외모에 좌우되어왔다. 요즘은 외모가 뛰어난 사람이 과거에 비해 훨씬 더 뽐내며 사는 세상이다. 그러나 이들 또한 상당수가 다른 열등감을 가지고 있다. 그러니 외모에 자신 없다고 너무 힘들어하지는 말자. 물론 이런 말이 별로 도움이 안 된다는 걸 알고 있다. 하지만 사실인 것을 어떡하랴. 없는 자는 가진 자를 부러워하고 가진 자는 더 많이 가진 자를 부러워하며 더 많이 가진 자는 특별한 자를 부러워하는 게 인간이다. 이미 내게 주어진 것을 운명의 출발점으로 삼아 남의 등을 보며 길을 가야 하는 것이 인생이다. 내가 없는 자라면 가진 자를 부러워하지 말고 아주 특별한 사람이 되어보자.

학습 능력이 없다고 너무 실망하지 말자. 인내심, 성실함, 적응력이라는 기본 역량만 있어도 살길은 있다. 이마저 귀찮다면 어떡해야 할까? 역시 살길은 있다. 아름답고 건강한 몸을 만들자. 알고 보면 아름답고 건강한 몸이라는 대안이 있다는 게 얼마나 다행인지 모른다. 아름답지 않아도 실망하지 말자. 건강한 몸을 만들면 된다. 건강한 몸은 그 자체로 아름답다.

## 매일 두 시간 문화와 예술, 매일 두 시간 운동

내가 다시 태어나고 싶은 이유 중 하나는 피아노를 배우고 싶어서다. 그만큼 나는 피아노를 좋아한다. 어렸을 때 아버지가 나에게 피아노를 가르치겠다고 하자 어머니가 남자애한테 웬 피아노를 가르치느냐고 반대해서 배우지 못했다. 여동생은 둘 다 피아노를 배웠다. 나는 피아노에 미련을 버리지 못하고 커서 혼자 독학을 해보려다 결국 실패했다. 나이 들어 예술을 시작해 성공한 사람도 있지만 음악은 일찍 배울수록 좋다는 것을 깨달았다. 더구나 피아노는 독학으로 될 일이 아닌 듯싶다. 어렸을 때는 피아노가 좋아서 배우고 싶었지만 나중에는 음악 그 자체가 사람에게 얼마나 중요한지 알았기에 더욱 배우고 싶었다. 고등학교 1학년 때 바이올린을 1년 배우면서 악기가 머리도 좋게 만들지 않을까라는 생각을 했다. 예술은 전혀 다른 각도에서 문제 해결 방안을 제시하기 때문에 결국 창의적인 인간을 만든다.

첫째가 무엇이든 배울 수 있는 학습 능력, 둘째가 인내심, 판단력, 열정 등 인재가 갖추어야 할 기본 역량이라면 셋째는 문화, 예술, 운동, 즉 예체능과 관련된 재능이다. 이 세 가지를 모두 갖추면 금상첨화겠지만 과연 우리 중 이런 팔방미인이 몇 명이나 되겠는가? 만약 첫째도 시원찮고 둘째도 시원찮다면 셋째에 관심을 가져보자. 예체능에서 경쟁력을 갖추면 그 어떤 변화가 와도 잘 적응할 수 있다. 어차피 지금은 인공지능과 로봇이 인간을 지배하고 인간을 노예처럼 부리는 비관 시나리오가 실현될지 인간을 보완하고 인간의 일부로서 인간을 발전시키는 낙관 시나리오가 실현될지 아무도 모른다. 따라서 우리는 위의 세 가지, 능력, 역량, 재능 중 한 가지는 반드시 가져야 한다.

어설픈 창의성은 인공지능 앞에서 아무 소용이 없지만 패러다임을 전환하는 탁월한 창의성은 인공지능 시대에도 여전히 설 자리를 갖는다. 인간의 창의성은 예술 교육에 의해 증진된다고 한다. 미국은 소련과의 우주 경쟁 1라운드에서 패하자 교육이 창의적이지 못하다는 사실을 발견하고 예술 교육을 강화했다. 창의력 개론, 중급 창의력 같은 과목은 존재하지 않는다. 예술 교육이야말로 창의력을 증진하는 매우 효과적인 방법이다. 창의력을 높이기 위해서라도 즐겁게 살기 위해서라도 예술 교육은 중요하다.

아무리 인공지능이 탁월한 연주 능력을 갖는다 해도 인간이 연주하는 공연이 더 인기 있을지 모른다. 자동차는 시속 200킬로미터가 넘는 속도로 달리지만 100미터 달리기를 잘하는 운동선수에 우리는 여전히 열광한다. 우리는 문화, 예술, 스포츠 분야의 인재를 무시하는 경향이 있다. 하지만 소수의 과학 천재가 아니라면 인공지능 시대에는 이들이 가장 빛을 볼 수도 있다.

앞으로 인간의 삶에서 엔터테인먼트 문화가 차지하는 비중이 계속 증가할 것이다. 과거에 인간은 가치 있고 의미 있는 일을 소중하게 생각했지만 이제는 그저 즐거운 일, 재미있는 일이 최고다. 어릴 때부터 예체능을 습득하면 죽는 순간까지 즐겁고 재미있게 살 수 있다. 직장에서 피곤한 몸을 이끌고 집으로 돌아오면 우리는 TV를 보거나 음악을 듣거나 운동을 한다. 우리가 여가 시간에 하는 일이란 대부분 문화, 예술, 체육과 관련된 오락이다.

노후 문제 전문가의 말을 들어보면 은퇴한 노인은 남는 시간을 주체하지 못해 월막, 화막, 수막, 목막, 금막 한단다. 무슨 말인가 하니 월요일에 등산하고 막걸리, 화요일에 등산하고 막걸리, 이런 식으로 금요일에도 등산하고 막걸리를 마신다는 말이다. 구청 문화센터에 가서 게이트볼, 노래 부르기, 스포츠 댄스 등을 해보지만 한계가 있다. 젊은 시절에 고급문화를 배우지 않으면 노후에 남는 시간을 즐겁고 재미있게 보내지 못한다. 인공지능 시대에는 노동이 획기적으로 줄어들고 여가 시간이 증가한다. 심지어 노동의 종말을 점치는 학자도 있다. 노후에 도달하지 않았어도 인간은 인공지능과 로봇으로 인해 늘어나는 여가 시간을 어떻게 보내야 할지 고민하게 될 것이다. 문화, 예술, 스포츠는 4차 산업혁명 시대의 생존 전략이기도 하지만 삶의 질을 높이는 즐거움의 수단이기도 하다.

예술 감각이 뛰어난 사람은 개성 있는 사람이 된다. 개성은 그 자체로 아름답다. 아름다움을 보는 눈, 아름다움을 만들어내는 눈은 예술 교육에 의해 강화된다. 과거에 서민의 그림이었던 민화는 그 예술 가치를 인정받지 못했으나 차츰 민화의 미적 가치를 알아보는 사람이 늘어나면서 가격이 뛰고 수집하는 사람이 많아졌다. 그리고 비로소 오늘날 민화의 위치를 갖게 되었다. 만약 그때 컴퓨터가 사람들이 높이 평가하는 기준으로 아름다움을 식별했다면 민화의 가치를 알아보지 못했을 것이다. 한때 사람들이 농사짓고 음식을 만들어 먹으며 사용했던 돌절구통도 농업과 식생활 기술이 발전하면서 천덕꾸러기가 되었다. 그러나 돌 절구통의 예술 가치에 눈을 뜬 사람들이 그곳에서 붕어를 키우거나 수생식물을 키우면서 수집 붐이 일어났고 이제는 돌절구통의 예술 가치가 사람들에게 인정받게 되었다. 만약 컴퓨터가 인간의 미적 감각을 보완하는 역할을 한다면 인간의 미적 역량 또한 진보할 것이다. 이렇게 발전한 인간의 미적 감각을 컴퓨터가 학습하면서 인간의 미적 감각을 다시 보완한다면 인간의 미적 역량의 진보는 더욱 가속화될 것이다.

인공지능과 로봇 시대를 맞아 정부가 예산을 퍼붓는다지만 정작 중요한 교육개혁은 입시 문제에 가려져 실종되었다. 초등학교에 다니는 학생이 성인이 되는 시점은 앞으로 10년이다. 10년 후 인공지능과 로봇의 발전은 지금보다 훨씬 가속도가 붙어 훨훨 나는 수준이 될 것이다. 내 눈에는 초등학교에서 배우는 내용이 다 부질없게 느껴진다. 매일 두 시간씩 운동하고 매일 두 시간씩 예술과 문화를 가르치고 남는 시간에 학습 능력을 배양할 준비를 하자. 매일 네 시간씩 예체능을 가르치면 자연스럽게 쓸데없는 공부가 줄어든다. 예술은 그 자체만으로도 즐거움을 주지만 인격 형성, 창의성 증진, 문제 해결 능력 배양에도 매우 유용하다.

## 인공지능도 인간지능도 선한 사람을 좋아한다

       뇌물죄로 기소된 한 고위 공무원은 다행히도 자신의 일정을 매일 기록해두었다. 뇌물을 받았다는 날을 조사한 결과 직장에서 회의가 있었다는 사실을 알아냈다. 회의에 자신이 참석했다는 사실을 증명했고 결국 무죄판결을 받았다. 한국은 정황증거만으로도 뇌물죄로 기소당하고 처벌까지 받는다. 뇌물을 주었다는 사람의 말이 아주 구체적이고 실제로 일어났다는 느낌을 주면 유죄가 된다. 이런 식의 재판은 심각하게 인권을 침해할 수 있지만 이러한 관행은 지금까지도 이어져 오고 있다.

       뇌물을 받는 행위보다 거절하는 행위가 더 위험하다고 한다. 뇌물을 준 악덕 기업인은 뇌물을 받고 자신을 도와준 사람은 끝까지 보호하려 하지만 뇌물을 거절하고 자신을 도와주지 않은 사람에게는 앙심을 품을 가능성이 높다. 악덕 기업인이 검찰에 구속되면 자신이 살기 위해 누군가의 이름을 대야 한다. 자신을 도와준 사람을 보호하기 위해서라도 누군가에게 뇌물을 주었다고 고백해야 한다. 이때 가장 좋은 희생양이 자신이 준 뇌물을 거절한 사람이다. 어떤 공무원이 바로 이런 일의 희생양이 되었다. 자신에게 돈을 주었다고 고백한 기업인과 법정에서 스쳐 지나가게 되었는데 그 기업인이 "꼭 승소하십시오"라고 속삭이더란다. 처음에 그 공무원은 너무 어처구니가 없었다고 한다. 그러나 그다음 번에 만났을 때도 똑같은 말을 하더란다. 그 기업인은 '할 수 없이 누군가의 이름을 대야 해서 애꿎은 당신 이름을 대었으니 당신은 나를 원망하지 말고 꼭 이겨서 무죄 받기를 바란다'는 의미에서 그렇게 이야기한 것이었다. 마치 먹이를 잡아먹으면서 눈물을 흘린다는 악어의 눈물과 같다.

　　뇌물을 주겠다는 기업인이 찾아오면 즉시 그 자리에서 거절하고 돈을 받지 않았다는 확인서를 받는 공무원이 있다. 당연히 돈을 주는 사람이 확인서를 써줄 리 없다. 그럴 경우 써주지 않으면 경찰에 즉시 신고해 처벌받게 하겠지만 확인서를 써주면 절대 경찰에 신고하지 않고 뇌물을 받았다는 모함을 당했을 때에만 이 확인서를 사용하겠다고 약속한다고 한다. 뇌물을 받으면 굳이 확인서가 필요 없지만 거절하면 오히려 돈을 받았다고 모함당할 수 있기 때문이다. 더구나 돈을 전달하는 사람이 중간에서 뇌물을 꿀꺽하고는 돈을 제공한 기업인에게 돌아가 상대가 돈을 받았다고 거짓말을 하면 나중에 기업인이 구속 수사를 받게 되었을 때 틀림없이 뇌물을 받았다고 진술할 수 있다.

만약 자신의 일상을 24시간 녹화하면 이런 위험에 빠질 가능성이 사라진다. 요즘은 아주 작은 소형 캠코더를 인터넷에서 살 수 있다. 오늘날과 같은 디지털 시대에는 자신의 일상을 24시간 내내 촬영하기가 그다지 어렵지 않다. 사생활까지 모두 기록된다는 위험이 있지만 사생활이 유출되지 않도록 주의를 기울이면 된다. 앞으로 모든 물체에 소형 컴퓨터가 내장되어 정보와 자료를 기록하고 전달하는 사물인터넷 시대가 오면 개인의 모든 행동을 전자적으로 기록하기가 아주 쉬워진다. 만약 사생활 문제에 합의가 이루어진다면 모든 일상을 기록할 수 있다. 사람에 따라 사생활을 이유로 기록을 거부하는 사람도 있고 사생활이 드러나도 괜찮으니 기록해달라는 사람도 있을 것이다. 한 사람은 사생활 때문에 기록을 원치 않는데 또 다른 사람은 괜찮으니 기록해달라고 할 경우 딜레마 상황에 치한다. 이 두 사람이 대화할 때 한쪽은 원치 않음에도 자신의 대화가 기록될 수 있다. 이 문제는 결국 앞으로 우리가 해결해나가야 한다.

앞으로는 모든 것이 기록되고 보존되는 시대가 온다. 독재자의 손에 넘어가서 이 기술이 잘못 사용될 때 조지 오웰이 쓴 《1984년》처럼 무시무시한 세상이 올 수도 있지만 더 윤리적이고 더 도덕적인 사회로 변할 수 있는 기회이기도 하다. 돈을 받지 않았음에도 받았다고 모함하는 일이 없어지고 거짓말을 밥 먹듯 하는 사람은 항상 조심하게 되리라 생각한다. 요즘 자동차에 블랙박스가 설치되면서 교통사고 시에 운전자들이 소리 지르며 억지 부리는 일이 거의 없어졌다고 한다. 몇 년 전에 누군가가 내 차를 살짝 스친 적이 있다. 그 운전자가 차에서 내려 씩씩거리길래 내가 블랙박스를 보면 된다고 말하니 갑자기 기기 픽 죽어 잘못을 시인했다. 요즘은 골목마다 CCTV가 설치되어 각종 범죄자를 적발하는 데 결정적인 기여를 하고 있다. 게다가 표정과 인물 인식 프로그램이 비약적으로 발전해 경찰보다 훨씬 더 뛰어난 감식 능력을 가진 카메라가 곳곳에 설치되면 범죄자가 성형수술을 하지 않는 한 아무리 변장을 해도 잡아낼 수 있다.

습관적으로 거짓말을 하는 사람, 자기 기억을 조작해 억지를 부리는 사람은 앞으로 자신의 행위가 곳곳에서 탄로 날 각오를 해야 한다. 남을 모함하고 사기 치는 행위도 기술 진보에 의해 상당 부분 드러난다. 인간은 누구나 선한 사람을 좋아한다. 인공지능 역시 선한 사람을 좋아한다. 인공지능은 인간이 제공한 자료를 기초로 학습하기 때문에 인간이 좋아하는 선한 사람을 좋아하도록 학습될 수 있다. 만약 인공지능이 인간의 통제력에서 벗어나 인간을 마음대로 할 수 있게 된다면 인공지능은 선하지 않은 인간을 가장 먼저 제거할지도 모른다.

세상이 하도 험하고 악한 사람이 성공하는 비율이 더 높다 보니 선한 사람이 되라고 말하면 "공자님 말씀 같은 소리 하고 있네"라고 비웃음당할지 모른다. 나는 머리 나쁘고 판단력과 인내심도 없는 악인이 성공하는 것을 별로 보지 못했다. 머리도 나쁘고 판단력과 인내심도 없다면 악인이 될 생각을 버리는 게 낫다. 능력이 부족하다면 인간의 모든 행동을 감시할 수 있는 4차 산업혁명 시대에는 악인이 되기보다는 선한 사람이 되는 게 더 경쟁력 있는 방법이다. 이제는 뇌과학의 발달로 인간의 행동뿐 아니라 생각까지도 읽을 수 있는 시대가 온다. 인간의 생각과 행동을 모두 읽을 수 있는 시대가 온다면 악인보다는 선한 사람이 되는 게 더 이익이지만 문제는 독재자나 일부 악인이 인간의 생각과 행동을 읽는 기술을 악용할 수 있다는 것이다.

만약 인공지능이 거짓말하는 인간의 못된 행위를 배우면 어떻게 될까? 그래도 선한 사람을 좋아할 것이다. 한 악덕 기업인은 자기 밑에서 일하는 사람은 모두 도둑놈이라고 말했다. 단 한 명만 도둑놈이 아니길래 사람을 사장으로 임명했다고 한다. 재미있는 사실은 도둑도 도둑 부하는 싫어한다는 점이다. 인공지능이 못된 인공지능으로 발전할수록 선한 인간을 좋아할 것이다. 그러니 선한 사람은 인공지능에게도 인간지능에게도 모두 사랑받는다. 우리는 선한 능력, 정직한 품성을 경쟁력으로 생각하지 않지만 알고 보면 이처럼 중요한 경쟁력도 없다. 악덕 기업인이 사장으로 임명할 정도로 중요한 자질이기 때문이다. 만약 자신에게 인공지능과 로봇 시대를 헤쳐나갈 학습 능력이 부족하고 그저 편하게 살고 싶어서 구태여 그런 학습 능력을 배양하고 싶다는 생각조차 들지 않는다면 한번 생각해볼 일이다. 나에게 특출난 어떤 경쟁력이 있는가? 아니라면 선한 사람이 되어보자. 내가 얼마나 머리가 좋고 판단력과 인내심이 있기에 악인이 되려고 하는가?

## 간절히 소망하는 대신
## 간절히 실천하라

89세가 된 홍콩의 세계적인 부자 리카싱은 인공지능에 관해 개인지도를 받았다고 한다. 89세라고 하면 아무리 건강하더라도 미래를 향한 노력을 중단하는 나이다. 살면 얼마나 산다고 공부를 하겠는가? 조금이라도 힘들고 귀찮은 일은 못 참는 현대인에게 리카싱은 참고할 만한 사례다. 더구나 공부라면 질색이고 신문이나 책 읽는 일조차 끔찍하게 생각하는 요즘 젊은이들에게 들려주고 싶은 일화다.

세계적인 베스트셀러 《시크릿》은 '간절히 소망하면 이루어진다'는 메시지를 담고 있다. 책에는 어떤 사람이 간절히 소망했더니 계약하자는 연락이 왔다는 내용이 담겨 있다. "간절히 소망하면 우주가 화답한다"는 표현이 책 곳곳에 쓰여 있다. 이런 식의 근거 없는 메시지를 전 세계적인 베스트셀러로 만들다니 인간의 도둑놈 심보를 이용한 작가의 영특함에 감탄한다. 그저 간절히 소망하기만 하면 된다니 게으른 현대인에게 얼마나 귀가 번쩍 뜨이는 말인가? 욕심이 많을수록 간절할 테니 간절히 소망하기는 식은 죽 먹기일 것이다. 간절히 소망하기만 해서 목표를 달성하겠다는 것은 도둑놈 심보다. 인공지능과 로봇 시대에는 간절히 소망하는 대신 간절히 실천해야 한다. 언제든지 직업을 잃을 수 있고 언제든지 새로운 직업이 생겨나는 세상에서 간절히 소망하기만 하면 되는 일은 그 어디에도 없다. 89세까지도 지적 호기심을 잃지 않은 리카싱처럼 죽을 때까지 배우겠다는 열정이 없으면 인공지능과 로봇 시대에는 직업이 없는 백수로 살게 된다.

사람은 열정이 있어야 문제에 집중해 창의적인 아이디어를 낸다. 창의성이란 서로 관련 없는 두 개의 개념, 경험, 수단, 방법 등이 연결되어 신호를 보낼 때 어떻게 기회를 포착하는가에 달려 있다. 서로 다른 것을 연결하는 일은 귀찮고 힘들어서 열정이 없는 사람은 창의성을 발휘하지 못한다. 열정이란 좋아한다는 의미지만 좋아하지 않아도 인간은 열정적일 수 있다.

자꾸 해보는 사람이 창의적인 방법을 찾아낸다. 이론이 있고 이론에 근거해 실험해서 방법을 찾아내는 게 아니라 자꾸 하다 보니 방법을 찾아내고 새로운 방법을 설명할 수 있는 이론이 사후에 등장한다. 산업계에서 나오는 새로운 발명은 이런 식으로 이루어지는 경우가 많다. 예를 들어 비행기를 발명한 라이트 형제는 물리학 공부를 많이 한 사람도 아니고 비행기를 발명할 때 물리학 이론에 근거하지도 않았다. 밤낮으로 매달려 수없이 시도하는 사람이 결국 창의성을 발휘한다.

노벨상을 수상한 대부분의 과학자는 실험실에서 밤낮 연구에 매달린 결과 우연히 위대한 업적을 발견했다고 말한다. 과학자조차 머리보다는 열정에 의존하는데 공부하는 학습 능력이 부족한 사람이 열정까지 없으면 과연 무얼 할 수 있을까? "공부가 싫으면 운동이라도 해라"라는 말을 어렸을 때 자주 들었다. 요즘은 이런 말 하는 부모가 거의 없다. 아이가 입시 공부 집어치우고 농구만 하면 어쩌나 걱정돼서일 것이다. 공부는 하지 않더라도 운동을 열심히 하는 아이에게는 미래가 있다고 생각한다. 운동을 열심히 하는 그 열정은 언젠가 운동 이외의 일을 할 때 위력을 발휘하기 때문이다. 내가 볼 땐 공부도 싫고 운동도 싫고 뭐든지 귀찮다는 아이가 문제다. 이것 조금 하다 싫증 내고 저것 조금 하다 싫증 내는 이가 문제다.

내가 아는 한 청년은 체육학과를 졸업했다. 그러나

뜻한 바가 있어 문화를 연구하고자 그 분야 대학원에 진학해 석사를 마치고 취업했다. 박사 진학을 결심한 뒤 나에게 상담하러 왔는데 나는 그의 열정에 감동했다. 인터뷰를 진행하며 무언가를 조사하고 싶다길래 처음에는 업무와 관련된 것이라고 생각했다. 나중에 알고 보니 순전히 호기심 때문에 설문지를 만들고 인터뷰를 하겠다는 것이 아닌가? 공부를 하다 보니 공부가 너무 재밌어서 하루 종일 몇 시간을 공부해도 시간 가는 줄 몰랐다고 한다. 사회과학을 잘하려면 통계학 지식이 많은 도움이 된다고 알려주었더니 방송통신대학 정보통계학과에 입학해 학사학위를 취득하겠다고 말했다. 우리는 체육학과를 나온 사람에 대해 공부와는 거리를 두었다고 생각하는 경향이 있다. 하지만 나는 학부에서 문화를 전공한 사람보다 그가 더 성공하리라 믿는다.

그의 열정과 새로운 분야에 임하는 배짱은 인공지능과 로봇 시대에 귀감이 아닐 수 없다. 열정을 가지고 있다면 누구에게나 기회는 얼마든지 열려 있다. 체육학과를 졸업하고 문화 분야로 박사까지 할 생각을 누가 하겠는가? 그러나 곰곰이 생각해보면 안 될 것도 없다. 우리가 스스로 쌓아놓은 많은 장벽은 인공지능과 로봇 시대에는 자동으로 폐기될수밖에 없다. 왜냐하면 언러닝, 즉 폐기학습 시대가 오고 무엇이든 새롭게 배우는 평생학습 시대가 오고 있기 때문이다. 배우는 순간 곧 언러닝해야 할지도 모르지만 우리는 끊임없이 배울 수밖에 없다.

　　독어독문학과를 졸업한 내 친구는 다시 컴퓨터를 배워 지금은 고려대학교에서 교수로서 컴퓨터를 가르친다. "구슬이 서 말이어도 꿰어야 보배"라는 말이 있다. 아무리 학습 능력이 뛰어나도 열정이 없으면 아무 소용이 없다. 자신이 가진 많은 능력을 꿸 수 없으니 말이다. 열정만 있으면 학습 능력이 부족해도 괜찮다. 할 수 있는 일은 많다. 자신에게 물어보자. 운동을 잘하는가? 건강한가? 열심히 운동해 아름답고 건강한 몸을 만들 수 있는가? 모두 아니라면 음악을 좋아하는가? 악기를 배운 적이 있는가? 악기를 배우고 싶은가? 아니라면 미술을 좋아하는가? 미술을 잘하는가? 그림 혹은 조각을 배우고 싶은가? 이것도 아니라면 사진 찍기를 좋아하는가? 사진을 배우고 싶은가? 모두 아니라면 나는 무엇을 좋아하는가? 그리고 무엇을 잘하는지 묻자. 아무것도 없다면 열정이 있는지 생각해보자. 열정이 있다면 무엇을 잘하는지, 무엇을 좋아하는지 몰라도 새로운 것을 배울 가능성이 상대적으로 높다. "굼벵이도 구르는 재주가 있다"는 말이 있다. 아무리 학습 능력이 부족해도 누구나 재주 하나쯤은 가지고 있다. 소수의 천재를 제외하고 공부 좀 잘한다고 으스대는 사람 중 대부분은 인공지능에 의해 별 볼 일 없는 존재로 전락할지 모른다. 어설픈 머리보다는 하찮아 보이는 재주가 오히려 빛을 볼 수 있다. 인공지능과 로봇 시대에는 많은 사람이 직장을 잃고 새로 배워서 새로운 직업을 얻어야 한다. 열정이 있는 사람은 89세에도 새로운 것을 배우는 리카싱처럼 직업을 구할 때까지 지치지 않고 배우기 때문에 살아남을 확률이 더 높다.

## 저출산과 기본소득제도 고민해보자

일본제Made in Japan라고 하면 알아주듯이 독일제Made in Germany 역시 알아준다. 이에 못지않게 스위스 제품도 알아준다. '메이드 인 스위스'는 확실히 다르다. 스위스는 유엔 가입 국가 행복도에서 항상 10위 안에 들어간다. 2008년 경제 위기 이후로 세계 경제가 추락했지만 스위스 경제는 상대적으로 견고했다. 스위스는 유로화를 사용하지 않고 스위스 프랑을 사용한다. 주식 투자만으로 세계적인 부자가 된 워런 버핏은 가진 달러를 다른 통화로 모두 바꾼다면 어떤 통화를 선택하겠느냐는 질문에 스위스 프랑이라고 답했다. 스위스는 재정적으로 안정된 나라라는 말도 덧붙였다.

모든 면에서 우수한 모범 국가인 스위스는 사상 유례없는 실험을 했다. 모든 국민에게 조건 없이 1인당 매달 300만 원에 가까운 돈을 현금으로 지불하는 기본소득제를 시행할 것인지를 두고 국민투표를 실시했다. 결국 부결되고 말았지만 언젠가는 가결될지도 모른다. 핀란드는 월 70만 원을 지급하는 기본소득제를 시범 시행하는 중이다. 월 300만 원 정도를 받는다면 과연 일을 할 필요가 있을까? 어차피 세상은 노동의 종말로 간다는 예측이 나온다. 인공지능과 로봇이 모든 일을 다 맡아서 하게 되면 뛰어난 인재 극소수를 제외하고는 사실 할 일이 별로 없어진다. 물론 새로운 일자리가 만들어진다고 하지만 어쩌면 새로운 일자리가 생각보다적을 수 있다. 미래는 무엇 하나 확실하지 않기 때문에 우리는 다양한 시나리오를 준비해두어야 한다.

할 일도 없는데 억지로 일자리를 만들어 비용을 낭비하는 것보다는 차라리 1인당 생활비를 조건 없이 나누어주고 경제를 운영하는 편이 더 낫다는 게 기본소득제의 논리다. 가난한 사람에게만 기본소득제를 실시하면 되지 않을까? 정부 예산이 그다지 충분하지 않을 테니 말이다. 가난한 사람을 선별하는 행정과정은 생각보다 복잡하다. 그보다는 모두에게 기본소득제를 실시하고 부자만 세금을 더 내는 방법이 행정적으로 비용이 덜 든다. 따라서 이런 제도를 실시하면 형식상으로는 모두에게 돈을 나눠주는 무상복지 같지만 실질적으로 선별적 복지인 셈이다.

인공지능과 로봇이 대거 등장해 노동의 종말이 온다는 예측이 있다. 미래는 알 수 없지만 가능한 시나리오 중 하나임은 분명하다. 이 책은 미래를 예측하려는 책이 아닌, 미래에 나타날 수 있는 다양한 가능성을 모두 상상해보고 어떤 상황이 발생하더라도 대비할 수 있는 대응력을 갖추자는 이야기를 전하고 싶어 쓴 책이다. 인공지능과 로봇이 블루칼라와 화이트칼라의 노동을 담당하고 예측한 대로 새로운 일자리가 생기지 않을 경우 정말 노동의 종말이 올 수도 있다. 기본소득제는 노동의 종말이 올 경우 정부가 취할 수 있는 유력한 정책 중 하나이다.

여론조사를 믿고 신상품을 개발했다가 망한 기업도 있고, 여론조사에 근거해 정책을 추진하다가 심한 반발에 부딪혀 실패한 정부도 있다. 한국은 복지에 관해 여론조사를 실시하면 부정적인 결과가 나오는 경우가 많았다. 하지만 최근에는 긍정적인 여론조사 결과가 나오기 시작했다. '가난은 가난한 사람 탓'이라는 한국인의 정서가 변화한 증거이다. 그러나 여론조사 결과만 믿고 섣불리 복지 정책을 실시했다가는 역풍을 맞을 가능성이 크다. 내가 보기에 대다수의 한국 사람은 여전히 기본소득제 같은 복지 정책에 극도의 반감을 가지고 있다.

우리는 모든 것이 공개되는 시대로 진입하는 중이다. 저작권을 주장하지 않고 크리에이티브 코먼스 라이선스 Creative Commons License로 일부 저작물이 공개되는 시대다. 많은 사람이 무료로 다른 사람이 자신의 저작물을 공유할 수 있게 허용한다. 인터넷에는 정보가 넘쳐난다. 오픈소스는 소프트웨어나 하드웨어 제작에 필요한 소스 혹은 설계도를 개방해 누구나 열람할 수 있도록 하는 제도이다. 예를 들어 구글의 오픈소스는 이미 수백 개가 넘는다. 가장 최근에는 인공지능 알고리즘인 텐서플로를 공개했다. 이런 시대에는 창의력도 지식 창출 못지않게 기존 지식을 활용하는 과정, 절차, 방법, 제도에 초점을 맞추어야 한다. 누가 더 좋은 과정, 절차, 방법, 제도를 만들어내는가가 중요하다. 인공지능과 로봇 시대에는 일자리가 없으니 굶어 죽어야 한다고 말할 수는 없다. 나는 비록 보편적 복지에 반대하지만 노동이 종말을 맞이하면 기본소득제 이외에 과연 다른 대안이 있을까 싶다. 우리가 어떤 과정, 절차, 방법, 제도를 만들어야 하는가는 상당 부분 정치에 달려 있다.

기본소득제가 실시되면 오직 소수만이 일하려 하지 않을까? 기본 생활이 충족된다면 일하기 싫다는 국민이 상당수를 차지하리라 생각한다. 물론 추가 소득을 얻기 위해 일하는 소수도 있고, 좋아하기 때문에 일하는 또 다른 소수도 있으리라. 인정하고 싶지 않은 현실이고 입 밖에 내는 것조차 망설여지는 말이지만 소수의 천재를 제외하고 대다수는 인공지능과 로봇 시대에 도태될 수밖에 없다. 학습 능력이 없어 실직 후에 새로운 직업을 구하지 못한다면 기본소득제가 제법 괜찮은 해결책이 될 수 있다. 기본소득제에 거부 반응을 갖고 있다 하더라도 이제는 진지하게 미래의 정책으로서 고민해봐야 할 시점이다.

저출산 대책에 80조 원을 퍼부었지만 아무런 효과가 없었다. 80조 원이면 어마어마한 돈이다. 내가 볼 때 정부가 실시하는 정책이 실패하는 이유는 항상 비슷하다. 동일한 오류를 반복하는 정부도 안타깝지만 이런 일을 잡아내지 않고 공무원의 작은 비리 캐기에만 몰두하고 있는 감사원이 더 안타깝다. 앞으로 저출산 문제는 인공지능과 로봇으로 해결할 수 있을지 모른다. 인구가 줄어도 뛰어난 인공지능이 장착된 로봇은 노동자 몇 명분의 역할을 할 수 있다. 젊은이가 줄어도 로봇이 대신 전쟁에 나가고 공장에서 일한다면 노후 세대를 충분히 먹여 살릴 수 있다. 부모와 이야기하기 귀찮아하는 자식보다 TV가 더 효자라는 말이 있다. 지방에 자리한 요양병원에서는 인내심 강한 간병인을 구하기가 어려워

외국인을 채용한다지만 로봇의 인내심은 무한하다. 우리와 다른 문화를 가진 사람이 이민 와 충돌이 생기는 것보다 우리가 원하는 인공지능과 로봇으로 저출산 문제를 해결하는 게 나을 수도 있다.

우리가 저출산 문제를 인공지능과 로봇이 아닌, 아이를 더 많이 낳는 방법으로 해결하려 한다면 기본소득제를 실시할 각오를 해야 한다. 아이를 낳으라고 장려해놓고는 인공지능과 로봇에 의해 실업자가 되었을 때 "네 입에 풀칠은 네가 알아서 해라"는 식으로 문제를 해결하려 하면 안 된다. 내 아이가 살아갈 세상을 염려해 아이를 낳지 않는다는 사람이 많은 요즘이다. 기본소득을 보장하지 못한다면 아이를 낳으라고 장려해선 안 된다. 분명 100세 시대에 인구가 감소해 경제에 많은 악영향을 미치겠지만 인공지능과 로봇도 경제인구에 포함할 수 있다. 요즘은 로봇에 세금을 부과해야 한다는 말까지 나온다. 인구가 늘어나면 소수의 천재를 제외하고는 대다수가 기본소득에 의존해 살아야 할지 모른다.

인공지능과 로봇 시대에 생겨날 많은 문제를 정치가 풀어야 한다. 무엇보다 노동의 종말이 온다면 정치로 풀어야지 다른 방법으로는 쉽게 풀리지 않는다. 저출산으로 줄어드는 노동력을 인공지능과 로봇으로 대체할 것인지, 점점 경쟁력을 잃어가는 인간으로 채울 것인지의 문제는 가치와 철학의 문제이자 앞으로 우리 정치가 해결해야 할 문제이다. 정치에 관심을 가져야 한다는 말은 그래서 강조하고 또 강조해도 아깝지 않다.

## 인공지능과 로봇 시대에도 정치가 밥 먹여준다

　　부모가 자식에게 받는 용돈과 정부에서 받는 돈 중 어느 쪽이 더 많을까? 조사에 따르면 정부에서 받는 돈이 자식에게 받는 돈보다 두 배 이상 많다고 한다. 정부에서 주는 돈이란 공적연금, 기초노령연금, 기초생활보장급여인데 모두 정부 정책의 결과이다. 문재인 정부는 기초노령연금을 2018년부터 2020년까지 월 25만 원, 2021년부터는 월 30만 원까지 늘리겠다고 발표했다. 이쯤 되면 정치가 밥 먹여준다고 말할 수 있지 않을까?

　　우리는 인간 역사상 돈의 위력이 가장 큰 시대를 살고 있다. 과거 부자가 살 수 있는 물건이나 서비스는 한정되어 있었지만 오늘날에는 무엇이든 살 수 있다. 안 되는 일도 되게 하는 돈은 이제 영생도 가장 먼저 살 수 있는 수단이 되었다. 세계적인 부자이자 오마하의 현인이라고 불리는 워런 버핏은 미국 경제가 가진 가장 큰 문제는 자신과 같은 부자라고 말한다. 경제 번영은 오직 소수의 부자에게 집중되어 있으며 이 집중이 30년 전에 비해 훨씬 심화되었다는 것이다. 오늘날 경제는 소수의 슈퍼리치에게 불균형적으로 유리한 구조이기 때문에 경제는 호황일지라도 모든 미국인이 그 호황을 누리는 것은 아니다. 이런 현상은 비단 미국에서만 나타나는 것일까? 각종 지표를 보면 한국의 빈부격차는 세계적으로도 상당히 심각한 수준이다. 미국, 유럽도 심각하기는 마찬가지이다. 빈부격차는 이제 선진국마저 강타한 전 세계적 질병이 되었다.

인공지능과 로봇 시대에는 빈부격차가 더욱 심화되고 일시적으로 실업률이 사회가 용인하기 힘든 수준으로 올라가며 어쩌면 노동의 종말이라는 인류 초유의 사태가 벌어질지도 모른다. 이때 인공지능과 로봇을 생산하는 소수의 기업은 상상할 수도 없는 부를 축적하게 될 것이다. 지금도 삼성전자의 매출은 칠레의 GDP와 맞먹는다. 그렇다면 과연 구글이나 아마존은 어느 규모로 성장할까? 부자는 인공지능과 로봇의 혜택, 생명공학의 혜택을 가장 많이 누리고 중산층과 서민은 그저 손가락을 빨면서 부러워만 하는 세상이 올 것이다. 인도의 한 사업가는 뭄바이에 1조 원이 넘는 개인 주택을 건설했다. 수영장, 영화관, 도서관, 헬기 착륙장, 수많은 방으로 이루어진 그의 저택은 사치의 극치이다. 뭄바이 빈민가에는 수백만 명이 모여 사는데 다른 한편에는 1조 원이 넘는 주택이 있다니 이 얼마나 대조적인가? 만약 그가 인공지능, 로봇, 생명공학 제품이나 서비스에 돈을 쓰겠다고 마음먹는다고 가정해보자. 가공할 인공지능을 소유하고 가장 효과적인 노화방지 약품을 구입하지 않겠는가?

만약 우리가 적절한 조치를 취하지 않는다면 4차 산업혁명의 혜택은 고스란히 부자의 몫으로 돌아갈 것이다. 그리고 여기서 더 나아가 부자는 그 덕분에 더욱더 부자가 된다. 그렇다면 적절한 조치란 무엇일까? 노벨 경제학상을 수상한 크루그먼, 스티글리츠 등은 정세를 바꾸려면 정치가 나서야 한다고 주장한다. 인공지능과 로봇 시대에 생기는 많은 문제는 정치가 해결해야 한다.

인공지능과 로봇 시대에는 상층부에 진입한 소수를 제외하고는 기본소득제 같은 정치 해법에 의존해 근근이 살아가야 할지도 모른다. 오직 정치만이 이 문제를 해결할 수 있기에 우리는 모두 정치에 더 많은 관심을 가져야 한다. 물론 생각보다 많은 직종이 새로 등장해 노동의 종말 같은 현상을 걱정하지 않아도 된다면 좋다. 민주주의가 선진국 정치의 근간이지만 세상은 소수의 부자가 원하는 방향으로 흘러간다는 프랑스 경제학자 피케티의 주장을 이제는 많은 지식인이 인정하고 있다. 이런 시대에 정치는 생존을 결정짓는 가장 중요한 요인이다. 소수의 부자나 통합된 인공지능을 손에 넣은 독재자에게 지배받지 않도록 국민 대다수가 정부를 통제해야 한다. 정부는 새로운 직업이 생겨나면 재교육을 통해 실업자를 취업시키는 중요한 역할을 맡아야 한다. 먼 미래를 예측하기는 어렵지만 눈앞에 닥친 미래는 예측하기가 그다지 어렵지 않다. 정부가 눈앞에 닥친 미래만 잘 예측해 알려주어도 인공지능과 로봇 시대를 헤쳐나가는 데 큰 도움이 된다.

기계와 인간이 결합해 새로운 종류의 인간이 탄생하기도 전에 생물학적인 인간은 이미 몇십 년 동안 전 세계에서 비슷한 방향으로 변해오고 있다. 최근에 미국에서 실시한 한 조사에 따르면 간호사가 의사와 결혼해 계급을 옮기던 현상이 많이 줄어들었다고 한다. 한국도 마찬가지이다. 금수저는 금수저끼리 결혼한다. 인간이 계산적이고 영악해져서 순수한 말과 행동은 점점 발견하기 어렵게 변해가고 있다. 우리가 보는 인간은 이미 급속도로 변화하고 있으며 인공지능과 로봇이 이러한 인간의 행태를 언젠가는 배우고 말 것이다.

인공지능이 지금 우리가 보는 영악한 인간보다 더욱 영악해지고 인간이 인공지능을 통제하지 못한다면 인간은 인공지능의 노예가 될 수밖에 없다.

　　앞으로 우리가 맞이할 세상은 많은 사람이 격렬한 고통 속에서 분노를 표출하고 갈등하며 대립하는 세상이다. 너무나 빠르게 변화하는 세상에서 적응하지 못하는 대다수의 사람은 불안, 불만, 불확실의 시대를 좌절 속에서 살아가야 한다. 우리는 새로운 시대가 우리에게 던지는 문제를 해결할 수 있는 새로운 방법을 찾아야 함에도 과거에 문제를 해결하던 방식을 아직도 사용하고 있다. 세상도 변하고 인간도 변했는데 살아가는 방식은 아직도 변하지 않았다. 정치는 새로운 삶의 방식을 만들어낼 수 있기에 우리는 정치에 관심을 가져야 한다.

　　최근의 공상과학영화나 소설에 등장하듯이 정치가 잘못되면 소수가 지배하는 새로운 독재 시대가 열린다. 올더스 헉슬리의 소설 《멋진 신세계》에 묘사된 세상이 이제 시작될 수도 있다. 인공지능과 로봇이 소수의 사악한 정치 집단에 넘어가면 국민을 완전히 통제하게 된다. 어쩌면 인공지능과 로봇이 권력을 잡고 인간 위에 군림할 수도 있다. 물론 인간이 통제 가능하다는 낙관 시나리오와 통제 불가능하다는 비관 시나리오가 공존하지만 나는 어쩐지 비관 시나리오가 현실화될 확률이 더 높다고 생각한다. 우리는 우리의 생물학적인 자녀가 우리의 기계적인 자녀에게 지배당하는 세상을 볼지 모른다.

국민이 인공지능과 로봇의 발전을 가로막아서라도 인공지능과 로봇에 대한 통제력을 유지하려 할 때 사악한 정치 집단이 인공지능과 로봇을 발전시키고 이를 이용해 권력을 잡을 수 있다. 물론 그 정치 집단이 이미 머리가 커져버린 인공지능과 로봇에 의해 지배당할 수도 있다. 사악한 집단에게 학습된 인공지능과 로봇은 사악한 지배자가 되리라. 마이크로소프트에서 개발한 채팅로봇 테이Tay가 나치와 히틀러를 찬양하자 하루 만에 중단시키는 일이 벌어졌다. 사악한 집단에 의해 개발되고 사악한 집단이 제공한 정보, 자료, 지식을 학습한 인공지능은 사악한 집단보다 더 사악한 인공지능이 된다. 오직 제대로 된 정치만이 이러한 위험을 막을 수 있고, 인공지능과 로봇이 만들어내는 수많은 문제를 가장 잘 해결할 수 있다. 앞으로는 무엇보다도 정치가의 윤리, 도덕, 통찰력이 그 어느 때보다 중요해질 것이다.

## 인간관계 능력과 감성지능은 인공지능과 인간 사이에도 유용하다

직장에서 CEO가 되는 데 필요한 가장 중요한 자질이 무엇인가 조사한 결과를 보면 인간관계 능력이 압도적 1위였다. 미국에서도 한국에서도 인간관계 능력은 리더가 되기 위해 필요한 가장 중요한 자질이다. 사람들과 좋은 관계를 맺는 능력의 핵심은 사람이 감정을 파악하는 것이다. 타인의 감정을 파악하기는 어렵다. 자신의 감정을 파악하는 것 역시 생각보다 쉽지 않다. 타인의 감정에 공감하는 능력 못지않게 자신의 감정을 잘 제어하고 관리하는 능력이 필요하다. 때로 상대와 내 감정을 파악하는 데 몰두하다 보면 내가 어떤 반응을 보여야 하는가에 소홀해진다. 감성지능이 높은 사람은 최적의 반응을 만들어 상대에게 보낸다.

인간관계 능력과 감성지능은 인공지능 시대가 아니더라도 인간의 역사에서 항상 중요한 역량이었다. 인간이 인간관계 능력과 감성지능을 갖추었다고 인공지능에 비해 경쟁력을 갖는 것은 아니다. 어설픈 감성은 인공지능 앞에서 별 역할을 못 하지만 인공지능을 이기기 위해서가 아니라 훨씬 더 복잡해진 관계를 관리하기 위해 인간관계 능력과 감성지능이 필요하다. 사람이 열 명을 넘어서면 집단에서 인간관계가 복잡해지고 관계를 관리하기가 쉽지 않아진다. 이처럼 사람이 많아지면 인간관계가 복잡해지는데 인공지능이 등장하면 인간 사이의 관계에 기계와 기계의 관계, 인간과 기계의 관계 등이 더해져 모든 관계가 두 배가 아닌 몇십 배로 팽창한다.

인간이 인공지능을 통제하는 단계에서는 인공지능 사이의 관계에서 미묘한 문제가 생길 수 있다. 인공지능이 서로 통합하고 연결되면 전체 인공지능의 능력이 향상되겠지만 어떻게 통합하고 연결할 것인가는 인공지능을 소유한 사람 간의 이해관계에 달려 있다. 현재 가장 뛰어난 인공지능은 구글, 아마존, IBM, 페이스북 등이 소유하고 있다. 개별 인공지능이 경쟁하도록 내버려둘 것인지 정부가 나서서 규제할 것인지는 이미 정치적인 문제이다. 정부가 가진 능력보다 뛰어난 인공지능이 나타났을 때 과연 정부가 얼마나 효과적으로 민간 인공지능을 통제할 수 있을까? 인공지능이 인간의 통제를 벗어나면 인공지능과 인간지능의 대결이 시작되고 이는 마치 국가 간의 관계처럼 진행될 수 있다. 약소국과 강대국의 관계는 외교 역량의 대결이다.

인공지능이 인간의 통제를 벗어나면 인간관계 능력과 감성지능이 인공지능과의 관계 수립에 가장 중요한 역할을 할 것이다. 인공지능에 인간이 불어넣은 감성은 사실 인간의 감성에 기초하고 있다. 따라서 인공지능과의 교류는 인간의 교류와 유사할 수 있다. 그러나 인공지능이 인간의 감성에서 출발했다 하더라도 어떤 방식으로 학습하고 발전할지 예측할 수 없기 때문에 인간과 인공지능이 나누는 교류는 인간끼리 나누는 교류와 완전히 다를 수도 있다. 그 어떤 경우에도 인간관계 능력과 감성지능은 인공지능과 인간 사이에서 결정적인 역할을 한다. 더구나 인공지능이 인간의 통제를 벗어난다면 인공지능의 감성에 관해 인간이 점점 더 알 수 없게 될 것이므로 이때에도 감성을 파악하는 능력이 중요해진다.

이 단계에 이르면 인공지능이 인간과 어떤 관계를 맺는가는 쉽게 예측할 수 없어진다. 인공지능과 인간지능이 완전히 하나가 되어 구분이 불가능한 관계일 수도 있다. 반대로 인공지능이 인간을 통제하거나 인간이 인공지능을 통제하는 관계일 수도 있다. 인공지능과 인간이 서로 대등한 관계를 맺을 수도 있다. 통제하고 통제당하는 관계에서 인간관계 능력은 그다지 중요하지 않다. 그러나 서로 대등한 관계가 된다면 인간관계 능력은 가장 중요한 역량이 된다.

인간의 장수에 관한 연구를 보면 나이 들어서 외롭지 않아야 한다고 한다. 산속에 들어가 홀로 살면 매우 위험하다는 것이다. 나이가 들수록 사람과 교류하고 인간관계를 잘 맺어야 한다. 인간관계를 잘 맺으려면 감성지능이 필요하다. 감성지능이 떨어지면 인간관계에 서툴러지고 자신을 고립시키며 고독한 가운데 단명한다. 오래 살기 위해 인간관계를 잘 맺으라는 게 아니라 인간다워지면 인공지능과 로봇 시대를 잘 헤쳐나갈 수 있으며 오래 사는 부수적인 이점도 얻을 수 있다는 말이다.

인간관계 능력과 감성지능은 인간을 인간답게 만드는 요소 중 가장 중요한 것이라고 생각한다. 인공지능이 아무리 인간의 감성을 배우고 인간과 비슷해진다 해도 인간과는 다를 수밖에 없다. 인공지능 시대에는 인간답다는 점이 매우 독특한 매력이 될 수 있다. 어쩌면 인공지능도 인간다운 인간에게 더 호감을 가질지 모른다. 인공지능이 발달할수록 인간은 인공지능에게 시달리며 인공지능을 이기려고 밤낮으로 노력할 것이다. 이런 과정에서 인간은 더욱더 비인간 적으로 변할 소지가 다분하다. 지금도 과거에 비하면 인간은 참으로 비인간적인데 말이다. 그렇다면 희소성 있는 인간다운 사람은 인공지능과 인간지능에게 모두 매력적인 사람이 될 수 있다.

미래가 어떻게 될지 알 수 없기에 우리는 첫째, 무엇이든 배울 수 있는 학습 능력 배양에 관심을 기울여야 한다. 둘째, 판단력, 균형 감각, 종합 능력, 인내심, 열정, 유연성, 개방성, 창의력, 배려심, 통찰력, 예지력, 직관, 적응력, 도덕성 등 흔히 인간이 갖추어야 할 기본 역량을 배양해야 한다. 셋째, 문화, 예술, 운동을 통해 아름답고 건강한 몸을 가진 사람, 아름답고 매력적인 사람이 되어야 한다. 넷째, 선하고 윤리적이고 도덕적이며 열정을 갖춘 사람이 되어 담담하게 물 흐르듯 미래를 맞이해야 한다. 하지만 평범한 사람이 이 요소 중 몇 가지나 갖출 수 있을까? 만약 인공지능과 로봇 시대에 중요한 역할을 하며 살아갈 자신이 없다면 인간관계 능력과 감성지능이 있는지 살펴보자. 인간관계 능력과 감성지능은 지금도 인간 사이에서 성공으로 가는 매우 중요한 자질이지만 인공지능과 로봇 시대에도 여전히 소중한 자질이 될 것이다.

## 긴 안목이 있으면
## 단기적 시각으로 대응해도 괜찮다

아이는 걸음마를 배우다가 장애물에 부딪히면 금방 돌아가는 동작을 익힌다. 우리는 이러한 학습을 당연하게 생각하지만 사실 인공지능은 이 수준에 한참 못 미치는 상태다. 알파고가 이세돌을 이기고 중국의 커제까지 이기자 인공지능이 천재적인 수준에 도달했다고 착각하는 것에 불과하다. 방대한 자료, 엄청난 계산 능력으로 이세돌과 커제까지 이겼지만 요즘 흔히 말하는 가성비(가격 대비 성능의 비율)로 따지면 현재 수준의 인공지능은 형편없는 수준이다.

아이는 도마뱀 사진을 하나만 보여줘도 도마뱀과 비슷한 도롱뇽을 보고 "이건 도마뱀과 비슷해"라고 구별한다. 아무리 잘 가르쳐도 노란색 바탕에 검은색 줄이 쳐진 그림을 보고 스쿨버스라고 착각하는 오류를 저지르는 것이 현재 인공지능의 수준이다. 아이는 가르치지 않은 동작을 새로 시도

하기도 하고 혼자 반복하며 익히기도 하고 새로운 물체를 식별하기도 한다. 인공지능은 아직 이런 단계에 도달하지 못했다. 가장 최근의 인공지능 기법인 딥러닝도 암기Memorizing에 불과하다는 혹평이 나올 정도이다.

　　머신러닝과 딥러닝이야말로 진정한 인공지능이라고 말한다. 인간의 능력을 모방하겠다는 의미로 인공지능이라는 단어를 사용한다면 진정한 인공지능이라는 머신러닝과 딥러닝 역시 인간지능과는 상당한 거리가 있다. 머신러닝과 딥러닝은 아직 진정한 인공지능에 도달했다고 볼 수 없다. 딥러닝이 비록 인간지능을 흉내 내기는 했지만 인간의 뇌 작동과는 거리가 멀다. 버클리 대학교의 조던 교수는 머신러닝과 딥러닝이 인간 뇌아 유사성이 서의 없다고 말한다. 엄격하게 따지고 들면 인간의 뇌와는 거리가 멀다. 다만 기존의 인공지능 기법에 비해 인간 뇌의 작동방식과 유사한 점이 있을 뿐이다. 물론 딥러닝이 인간 뇌의 작동방식에서 힌트를 얻었다는 것은 분명하다.

　　제프리 힌턴 같은 인공지능의 대부도 딥러닝보다 더 획기적인 패러다임 전환을 가져올 새로운 인공지능 모델이 필요하다고 생각한다. 현재의 인공지능은 엄청난 계산 능력과 방대한 자료를 보유한 구글, 페이스북, 애플, 아마존 같은 곳에서 발전하고 있다. 기업은 인공지능을 상업적 목적으로 사용하다 보니 인공지능의 도약에는 상대적으로 관심이 덜하다. 대학 연구소는 기업에 비해 규모가 작기에 단편적인 연구밖에 못 하지만 장기적인 안목을 가지고 위험부담이 큰 연구, 다소 황당해 보이기까지 한 연구를 진행하기도 한다. 기업의 강점과 대학 연구소의 강점을 결합하는 획기적인 연구 방법이 등장하지 않는 이상 인공지능은 한동안 딥러닝에서 정체될 가능성이 높다.

만약 딥러닝을 뛰어넘는 새로운 기법이 나오지 않는다면 특이점의 도래는 생각보다 늦어질 수 있다. 머신러닝이나 딥러닝은 알고 보면 인간에 비해 매우 멍청하다. 약간의 변경만 생겨도 작동하지 않기에 일일이 사람의 손길이 닿아야 한다. 동일한 문제를 풀기 위해 현재의 인공지능은 엄청난 계산을 해야 하지만 그에 비하면 인간의 뇌는 훨씬 조금만 계산하면 된다.

특이점이 늦어진다 하더라도 컴퓨터 하드웨어는 비약적으로 발전하기 때문에 딥러닝을 보완하는 것만으로도 우리가 깜짝 놀랄 만한 능력을 보여줄 수 있다. 예를 들어 현재 일부에서 시도하고 있는 양자컴퓨터가 현실화된다면 엄청난 계산 능력을 갖게 될 것이다. 양자컴퓨터는 물리학의 양자역학 이론을 도입한 컴퓨터인데 이미 캐나다에서 양자 컴퓨터가 시판되었다. 혹자는 진정한 양자컴퓨터와는 아직 거리가 멀다고 비판하지만 양자컴퓨터 시대로 첫걸음을 내디딘 사실은 부인하기 어렵다. 나사와 구글이 공동으로 양자 컴퓨터를 연구하고 있기에 또 다른 돌파구가 마련될 수도 있다. 2018년에는 구글이 지금의 슈퍼컴퓨터를 능가하는 양자 컴퓨터를 제작할 것이라고 한다. 결국 양자컴퓨터의 등장은 시간문제다.

인간지능에는 미치지 못하지만 계산 능력과 방대한 자료로 인간지능에 뒤떨어지는 점을 보완하고 머신러닝과 딥러닝 알고리즘을 계속 개선하면 가성비는 떨어지나 인간지능보다 뛰어난 인공지능이 나올 수 있다. 인간지능은 인산이 가진 이기심으로 인해 연결이 쉽지 않지만 인공지능은 아주 쉽게 연결되어 가공할 힘을 발휘할 수 있다. 인공지능이라는 개념 자체가 수많은 컴퓨터와 프로그램이 연결된 집합적인 개념이다. 마치 기술력이 떨어지는 기업이 자본력으로 우수한 기술력을 가진 기업을 망하게 만들 수 있듯이 물량 공세를 퍼부어 인공지능이 인간지능을 압도할 수 있다.

인공지능이 계산 능력과 방대한 자료라는 물량 투입으로 인간을 이기려 한다 해도 만약 머신러닝과 딥러닝의 알고리즘 발전이 한계를 보이며 정체된다면 인간에게는 조금 더 긴 시간이 주어질 것이다.

　　우리가 인공지능을 인간지능을 보완하는 기술로 보지 않고 일자리를 빼앗는 적으로 본다면 인공지능이 더디게 발전할수록 안심한다. 우리가 인공지능을 인간지능을 보완하는 기술로 본다면 노력해서 인공지능이 발달하도록 도와야 한다. 인간이 영생을 얻는다면 얼마나 좋을까? 설사 인간이 인공지능을 인간지능에 대한 위협으로 보고 인공지능 발달에 소극적으로 나선다 할지라도 기업은 영리 목적으로 인공지능 발달에 매진할 수밖에 없다. 지금 인공지능은 알파고를 만들어낸 딥마인드, 구글브레인 같은 기업 연구소가 발전을 주도하고 있다. 아무리 인간이 인공지능에 부정적인 시각을 가지고 인공지능 발달에 소극적으로 대처한다 해도 돈을 가진 기업을 막을 도리는 없다. 도도하게 흘러가는 인공지능의 발달은 인간에겐 선택 사항이 아닌 운명이다. 우리는 첫째, 어떻게 인공지능을 인간지능을 보완하는 데 사용할 것인가, 둘째, 인공지능의 발달 속도는 과연 어느 정도로 빠를 것인가를 고민해야 한다.

　　인공지능과 로봇 시대는 낙관도 비관도 할 수 없는 불확실성의 시대다. 불확실성의 시대에는 최악의 사태에 대비할 수 있는 자신만의 무기를 준비해두면 덜 불안하다. 미래에 대비할 수 있는 무기를 준비해둔 사람은 미래를 헤쳐갈 수 있다. 탁월한 사업가는 항상 장기적인 안목을 가지고 있지만 행동은 단기적인 이익을 노리고 한다. 한 치 앞을 볼 수 없을 때 사업가는 "정말 닥쳐봐야 알겠더라고요"라고 말한다. 인공지능에 어떻게 대처할 것인가도 마찬가지다.

학습 능력이 부족하다고, 판단력, 인내심 등 기본 역량이 없다고 너무 기죽을 필요는 없다. 세상은 공부 잘하고 성품 좋은 사람이 꼭 성공하는 무대가 아니다. 게다가 아무리 머리가 좋다고 해도 인공지능에게 곧 추월당하게 될 것이고, 아무리 인내심이 강하다 해도 24시간 같은 질문을 해도 지치지 않고 답변해주는 인공지능을 결코 이길 수 없다. 마치 하늘을 나는 매가 넓은 시야를 가지고 먹이를 찾다가 먹이를 발견하면 시야를 좁혀 총알처럼 내려 덮치듯, 인공지능이라는 도도한 흐름과 방향을 파악하되 결정적인 순간이 도래하면 그때그때 적응하면 된다. 미리 계획을 짜지 않고 닥쳤을 때 선택한다고 너무 불안해할 필요 없다. 장기적인 안목을 가지고 있다면 단기적으로 눈앞의 이익만 보고 살아도 크게 걱정할 필요가 없다. 학자와 전문가가 부동산 폭락을 외쳐대면 '그렇겠지' 하면서도 부동산이 슬금슬금 상승할 때

부동산을 사고팔았던 사람들은 돈을 벌었다. 대부분의 사업가는 긴 흐름을 거스르더라도 눈앞의 이익을 놓치지 않는 기민함을 갖췄다. 학습 능력과 기본 역량이 있을 때 4차 산업혁명의 파도에 적응하는 것은 모범생의 방법이다. 학습 능력도 기본 역량도 부족하다면 사업가를 흉내 내보자. 세상은 모범생의 실패 무대이고 사업가의 성공 무대이다.

# 오직 모를 뿐,
# 바람 부는 대로
# 낙엽 지는 대로…

**5부**

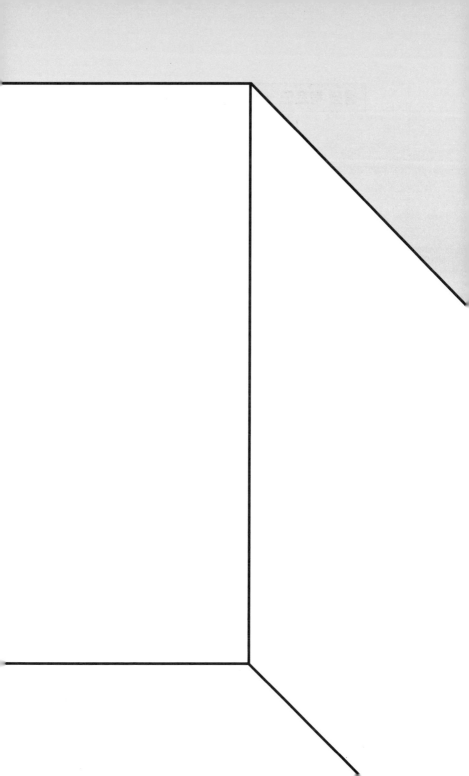

## 꿈도 목표도… 오직 모를 뿐이다

언젠가 대학원 학생 여러 명과 대화를 나누었다. 나는 그중 한 남학생에게 "석사 마치면 뭐 할 거야?"라고 물었다. 나는 그 학생이 학부를 마치고 군대도 다녀왔으니 당연히 미래 계획을 세워두었을 것이라고 생각했다. 뜻밖에도 그는 잘 모르겠다고 대답했다 학문의 길을 갈 것이냐고 다시 물었더니 석사를 해봐야 알 것 같다고 답했다. 그러면서 "취업을 할 수도 있고…"라는 말을 덧붙이며 말끝을 흐렸다. 나는 다른 학생에게도 같은 질문을 던졌다. 그 학생은 "저는 제가 뭘 좋아하는지 아직도 모르겠어요"라고 대답했다. 그는 취업을 해야 할지, 학문의 길을 가야 할지, 고시 공부를 해야 할지 몰라서 일단 대학원에 들어왔다고 말했다. 이쯤에서 질문을 멈췄어야 했는데 나는 또 다른 학생에게 똑같은 질문을 했다. 그는 "저는 꿈이 없어요. 아니, 제 꿈이 뭔지 아직도 모르겠어요"라고 답했다.

2015년 11월 어느 날 나는 전주시청 강당에서 정목 스님, '좀 놀아본 언니'라는 사회자와 셋이서 젊은이를 위한 토크쇼를 열었다. '좀 놀아본 언니'는 젊은이에게 인기가 좋은 매력적이고 잘생긴 청년이었다. 참석한 젊은이들이 고민을 적고 우리가 답변하는 시간을 가졌다. 많은 질문지 중에서 무작위로 여섯 개를 뽑아 답변했는데 놀랍게도 그중 두 개가 '꿈이 없다', '뭘 해야 할지 모르겠다'였다. 여섯 명 중 두 명이면 3분의 1이다. 고민을 적으라 하니 3분의 1이었지 아마 "꿈이 없는 사람? 앞으로 뭘 해야 할지 모르겠다는 사람?"이라고 물었다면 거의 대부분이 손을 들었을 것이다. 젊은이가 뭘 해야 할지 모르는 시대, 꿈을 잃어버린 시대가 이미 시작되었는데 어른들만 모르고 있다. "우리는 예선에 안 그랬는데 요즘 젊은 애들은…"이라고 한탄한다면 정말 세상이 어떻게 돌아가는지 모르는 뒷방 늙은이에 불과하다. 요즘 직장인은 오래 근무해봐야 50대에 은퇴한다. 100세 시대에 50대에 은퇴한다면 다시 삶을 설계해야 한다. 과연 50대 은퇴자에게 꿈이 있고 목표가 있을까? "이제 살 만큼 살았는데 무슨 꿈이고 목표야?"라고 반문한다면 큰 문제다. 그러니 "요즘 젊은 애들은…"이라고 혀를 찰 일이 아니다. 젊은 사람이든 나이 든 사람이든 우리는 모두 꿈을 갖기 어려운 시대를 살고 있다.

"좋아하는 일, 잘하는 일을 하라"는 정말 자주 듣는 말이고 젊은이에게 하는 조언에 빠짐없이 등장하는 단골 메뉴다. 맞는 말일까? 각 대학의 자유전공학부 학생들이 세부전공을 선택할 때면 대부분 경영학을 고른다. 그 이유는 그들이 경영학을 좋아하고 잘해서가 아니라 취업이 잘되기 때문이다. 좋아하고 잘하는 일을 기준으로 전공이나 직업을 선택할 만큼 요즘 세상은 단순하지 않다. 좋아하고 잘하는 일을 직업으로 선택할 수 있는 행운아는 극소수이다. 나는 요즘 젊은이들에게 좋아하고 잘하는 일을 하라고 섣불리 말하지 못한다. 좋아하고 잘하는 일을 하라는 말은 "너 똑똑해? 집에서 뒷받침해줄 수 있어?"라고 은근히 겁주는 말이 아닐까?

인간은 자기가 좋아하는 일, 잘하는 일이 무엇인지를 언제 알 수 있을까? 우리가 대체로 아이에게 "좋아하고 잘하는 일을 하라"고 권하는 건 아이가 대학 진학을 앞두고 학과를 선택할 때, 대학 졸업을 앞두고 어떤 직업을 선택할지 고민할 때다. 19세에 혹은 20대의 나이에 자기가 무엇을 좋아하는지 알 수 있을까? 내 경우를 돌이켜봐도 그때는 무엇을 좋아하는지 알기 어렵다. 어떤 의사는 의대 시절 의사가 적성에 맞지 않는다고 힘들어했다. 그런데 나중에 나이가 들어 의사 생활을 하다 보니 의사라는 직업이 좋아졌다고 한다. 자신이 좋아하는 것을 전공으로 선택했다가 나중에 후회하는 사람도 있다. 나는 음악을 정말 좋아한다. 대학에 진학한 뒤에도 음악을 전공할까 하는 엉뚱한 생각을 했다. 나는 음악에 재능이 있다는 소리를 여러 번 들었고 나 역시 그렇다고 생각한다. 말하자면 나는 음악을 좋아하고 잘한다. 그렇지만 누가 나에게 음악의 길을 가지 않고 무미건조한 사회과학을 선택한 걸 후회하느냐고 묻는다면 천만에라고 답할 것이다. 난 다시 태어나도 피아노를 배울지언정 전공으로 선택할 생각은 없다.

전주 토크쇼에서 뭘 해야 할지 모르겠다고 질문한 학생에게 정목 스님이 무엇을 좋아하느냐고 물었다. 그 학생은 영화를 좋아하는 것 같다고 기죽은 목소리로 어물어물 답했다. 영화를 좋아한다고 말하면 왠지 야단맞을 것 같아서였는지도 모른다. 내가 음악을 정말 좋아하듯이 그 학생도 영화를 정말 좋아할지 모른다. 하지만 그 학생이 영화를 전공할 생각은 없어 보였다. 나는 그 학생이 영화를 전공하겠다고 하면 말릴 것이다. 그런데 요즘 젊은이에게 물어보면 음악이나 영화를 싫어하는 경우는 거의 없다. 그 학생이 막상 영화를 전공한다면 '좋아하는 것과 전공하는 것은 다르네'라고 후회할지도 모른다. 요즘 젊은이들이 꿈도 없고 게으르며 무기력하다고 단정 지어선 안 된다. 나는 젊은 시절 꿈과 목표보단 그저 좋은 직업에만 관심이 있었다. 지금은 좋은 직업은 오직 선택된 소수만 꿈꿀 수 있고 대다수 젊은이는 취업조차 힘든 세상이다. 이런 세상에서는 꿈과 목표가 없다 해도 전혀 이상하게 들리지 않는다.

최근에는 의사, 변호사, 교수 등 모두가 부러워하는 좋은 직업마저 좋은 시절 다 지났다고 한탄하는 시대가 되었다. 게다가 이 직업들은 인공지능에게 가장 먼저 위협받는 직종이 될 것이다. 인공지능과 로봇 시대에는 안심할 수 있는 직업이 하나도 없을 것이고, 따라서 꿈과 목표는 더욱 흔들릴 수밖에 없다. 우리는 내 꿈이 무엇인지, 인생 목표가 무엇인지 모르고, 인공지능이 만들어낼 미래 역시 모른다. 오직 모를 뿐인 세상에서 꿈도 목표도 모르는 것은 하나도 이상하지 않다. 불안, 불만, 불확실성의 시대에 취업은 쉽지 않고, 세상은 젊은이의 꿈과 목표를 빼앗아가고 있다.

세상이 아무리 힘들고 우리가 아는 것이 아무리 제한되어 있다 하더라도 큰 방향과 흐름은 파악하면서 가야 한다. 큰 방향과 흐름을 파악했다는 말은 나를 알고, 내게 맞는 먼 훗날의 목표 하나쯤은 세워야 한다는 말이다. 나를 안다는 말을 너무 어렵게 생각하지 말고 내가 가진 욕망을 정직하게 직시한다고 생각하자. 내가 가진 욕망을 세상의 큰 방향과 흐름에 맞추어 목표로 바꾸어보자. 어차피 이 목표가 완전할 수 없기에 시간이 흐르면서 또 바뀔 것이다. 그러면 또 어떠하랴. 내 욕망에 기초해 세운 목표라면 아무리 엉터리라고 해도 그다지 문제가 되지 않는다. 우리가 성장하듯이 목표도 수정할 때마다 스스로 성장한다.

## 바람 부는 대로
## 낙엽 지는 대로 살 수밖에 없다

내가 평소에 무척 좋아하는 어떤 분에게 "인생을 어떻게 살아야 하죠?"라고 다소 엉뚱한 질문을 했다. 그분은 "인생은 바람 부는 대로 낙엽 지는 대로 살아야 해"라고 대답했다. 처음에는 너무 예상외의 답변이라 그 말을 듣고 아무런 대꾸도 못 하고 그저 멍하니 있었는데 요즘 곰곰이 생각해보니 너무나 맞는 말이다. 인간이 어차피 욕망의 영역에서 벗어나지 못한다면 욕망이 부는 대로 욕망이 지는 대로 살아야 하지 않을까?

"평생 돈과 여자를 멀리하고 종단 정치와도 거리를 두며 오직 깨달음만 추구했는데 죽음을 앞두니 모두 부질없다"고 고백한 한 스님의 정직한 고백이 너무나 가슴에 와닿았다. 다시 그 스님을 만난다면 "에이 스님. 무슨 깨달음 같은 것을 추구하셨어요. 부처님은 깨달음조차 추구하지 말라고 하셨는데…. 그냥 바람 부는 대로 낙엽 지는 대로 사셨어야죠"라고 말하고 싶다. 인공지능, 로봇, 뉴노멀의 시대, 세계화 시대, 복잡성과 변화의 시대, 불확실성 시대에는 우리가 아는 것이 너무나 제한되어 있기 때문에 어쩌면 바람 부는 대로 낙엽 지는 대로 사는 것이 가장 지혜로운지도 모른다.

안 되는 일을 '할 수 있다', '간절히 소망하면 이루어진다'라는 정신으로 하면 가끔 성공을 거두기도 한다. 그러나 대부분은 그렇게 해도 안 된다. '노력이 부족해서가 아닐까?'라고 반문한다면 할 말은 없지만 어떤 사업가가 한 말을 대신 해주고 싶다. "안 되는 일은 하려고 발버둥 쳐도 안 되더라고요. 그런 일은 일찍 포기해야 해요. 포기도 결단입니다." 오래 공무원 생활을 한 사람이 농담처럼 한 말도 번뜩 귀에 와닿았다. "공직 생활 하는 사람을 지켜보면 그중에서 유난히 악착스럽게 수단, 방법 가리지 않고 목표에 집착하는 사람이 있어요. 그런 사람이 출세하는데 대개 암에 걸려요." 취업이 안 되면 안 되는 대로 되면 되는 대로, 직장에서 상사와 갈등이 있으면 있는 대로 없으면 없는 대로 나아가보는 거다. 세상은 무섭도록 살기 힘들고 어느 직장도 편한 곳이 없다. 힘들어서 직장을 옮긴 사람을 조사해보니 50퍼센트 이상이 옛 직장이 더 좋았다고 답했다. '꾹 참고 있으라'는 말이 아니고 옮겨서 좋을지 안 좋을지, 후회할지 후회하지 않을지 알 수 없다는 말이다.

지금까지 살면서 내가 처음에 계획한 대로 진행된 일은 하나도 없었다. 세상일은 수많은 요인, 조건, 환경이 어우러져 진행된다. 그 흐름을 거스르면 오히려 일을 망친다. 바람 부는 대로 낙엽 지는 대로 사는 삶은 결코 수동적·소극적인 삶이 아니다. 인간의 욕망을 수용한다는 측면에서는 인간적이고, 법과 기존 질서를 수용한다는 측면에서는 현실적이다. 계획이 없는 삶이 아니라 상황에 따라 자연스럽게 변하는 부지런한 삶이며 무리하지 않고 지혜롭게 대처하는 삶이지 게으른 삶을 지칭하는 것은 아니다.

미래학자의 예측이 점성술사나 무당의 수준을 벗어나지 못한다면 차라리 바람 부는 대로 낙엽 지는 대로 사는 것이 더 과학적이다. 수많은 요인, 조건, 환경을 파악하지 못한다면 아무리 계산을 잘해도 이익은커녕 큰 손해를 본다. 물론 우연히 여러 요인이 척척 들어맞으면서 예상치 못한 이익을 얻기도 하지만 이런 예외는 굉장히 드물다. 인공지능과 로봇 시대에는 인간보다 뛰어난 행위자가 이 세상에 등장함으로써 불확실성, 복잡성, 불안은 더욱 높아지고 커질 것이다. 바람 부는 대로 낙엽 지는 대로 사는 삶은 요인, 조건, 환경의 변화를 가장 초기에 알아차리는 삶이다. 바람이 분다는 의미는 어떤 요인, 조건, 환경의 등장이며 낙엽이 진다는 의미는 어떤 요인, 조건, 환경의 사라짐이다. 과거에 사로잡히거나 자신만의 세계에 갇혀서 바람이 불고 낙엽이 지는 것을 알아차리지 못하면 많은 것을 잃는다.

바람 부는 대로 낙엽 지는 대로 살면서 큰 방향과 흐름을 염두에 둔다면 결코 우왕좌왕하는 삶을 살지 않을 것이다. 인공지능과 로봇 시대가 어떤 방향으로 흐르는가를 알고 변화에 적응하는 삶은 도도한 흐름에 몸을 맡긴 채 헤엄쳐가는 삶이다. 비관하지도 낙관하지도 말고 있는 그대로 보며 담담하게 물 흐르듯 최선을 다하면 미래에 휘둘리지 않고 인공지능과 로봇의 바다에서 살아남을 수 있다. 격투기 선수는 상대가 밀고 들어오면 그 힘을 이용해 앞으로 당기면서 발을 걸어 넘어뜨린다. 인공지능과 로봇의 파도가 나를 향해 밀려올 때 정면으로 대항하면 익사할 수 있다. 파도를 거스르지 말고 몸을 띄운 채 흐름을 이용해 앞으로 가보는 거다. 파도에 몸을 띄울 때 눈을 감고 되는 대로 흘러가면 결국 파도에서 밀려나 도도한 흐름에서 제외된다. 파도를 타더라도 눈을 뜨고 큰 흐름과 방향을 살펴야 도도한 흐름에서 제외되지 않는다. 인위적으로 파도 앞에 장벽을 세우지 말고 차라리 파도에 올라타서 눈을 크게 뜨고 내 살길을 찾자.

인공지능과 로봇 시대에는 미래에 대해 계획을 세워 봤자 아무런 소용이 없다. 금방 해고되면 다시 일자리를 찾아야 하고 몇 년간 힘들게 배운 기술이 하루아침에 인공지능과 로봇에 의해 무용지물이 된다. 이 일자리 저 일자리를 전전하며 하루살이처럼 살면서 행복을 찾아야 한다. 큰 방향과 흐름 외에는 알 수도 없고 알 필요도 없다. 눈으로는 큰 방향과 흐름을 멀리 보면서 손과 발은 한 치 앞을 더듬으며 적응해야 한다. 하나에 올인하다가 만사를 망치는 것보다 하루살이 근시안적 삶이 오히려 적절할지 모른다. 이런 생활을 불안해한다면 앞으로 닥칠 인공지능과 로봇 시대에는 평생 불행할 수밖에 없다. 미래는 오지 않았고 과거는 지나갔으니 지금 매 순간 충실해야 한다는 부처님 말씀이 더욱 절실한 시대가 왔다. 담담하게 흔들리지 말고 가는 수밖에 없다.

인공지능과 로봇으로 인해 직장에서 해고될 때 분노하고 좌절하면 탈출구마저 보이지 않게 된다. 담담하게 '해고되었으니 이제 어떻게 해야 하나'를 생각하자. 만약 새로운 직장에 취업했다면 우쭐해하지 말고 담담하게 '취업이 되었지만 인공지능과 로봇 시대에 또다시 해고될 수도 있다'라고 생각하고 최선을 다하자. 인공지능이 발달하자 컴퓨터 전공자의 몸값이 올랐지만 가장 먼저 없어질 직업으로 컴퓨터 프로그래머가 꼽히기도 했다. 인공지능이 프로그램을 하기 때문이다. 1 대 99 시대에 1퍼센트에 속한다고 자만하면 한순간에 99퍼센트로 추락할 수 있다. 끊임없이 밀어닥치는 해고와 재취업을 위한 교육 훈련에 적응하는 것이 무계획적인 삶은 아니다. 인위적으로 무언가 만들려 하지 말고 파도를 타며 적응하자.

## 불안, 불만, 불확실성에 흔들리지 않는 몸과 마음을 만들자

우리나라 직장인들을 조사한 한 결과에 따르면 직장인의 절반 정도가 언제 내쫓길지 모르는 불안감을 안고 산다고 한다. 우리는 잠자는 시간을 제외하면 하루 중 대부분을 직장에서 보낸다. 이런 직장이 즐거운 장소이기는커녕 불안한 장소라는 것은 심각한 문제가 아닐까? 요즘 사회불안증에 시달리는 사람이 많다고 한다. 그뿐인가? 한국의 자살률은 세계 최고이다. 세상은 암울하지만 경제는 나날이 발전해 갖고 싶은 물건이 넘쳐난다. 빈부격차로 중산층이 서민으로 전락하는 오늘날 갖고 싶은 물건은 불만의 원인이지 선망의 대상이 아니다. 인공지능과 로봇 시대는 불안, 불만, 불확실이 만연한 3불 시대다. 학습 능력과 기본 역량을 갖춘 유능한 사람이야 인공지능과 로봇 시대에도 생존할 수 있지만 대부분은 1 대 99 시대, 아니 0.1 대 99.9 시대에 언제 해고될지 모르는 불안, 갖지 못하는 불만, 실업과 재취업의 불확실성 속에서 살아야 한다. 이러한 시대에는 흔들리지 않고 담담하게 사는 능력이 필요하다.

우리에게 닥칠 회오리바람은 우리를 끊임없이 불안하게 만들리라. 지금도 세상은 지옥이나 마찬가지여서 '헬조선'이라 부르지 않는가. 쉽게 흔들리는 사람은 앞으로 우리에게 닥칠 시대를 훨씬 더 힘들게 살아갈 수밖에 없다. 전문가에게 묻고 전문가가 답해주는 사이트 쿼라에 올라온 답글 중에 "당신이 아무리 노력해도 5년 뒤에는 예측하지 못한 일이 당신을 아주 무너뜨릴 수 있다"는 것이 있었다. 결과를 예측할 수 없는 일이 진행될 때 대부분의 사람은 다른 일을 손에 잡지 못해 결과가 나올 때까지 모든 일을 망치곤 한다. 께름칙한 일이 해결될 때까지 안절부절못하고 초조해하며 다른 일을 하나도 진행 못 하는 사람 말이다. 인공지능과 로봇 시대는 불과 몇 년 후의 일도 예측하기 어렵고, 아무리 잘 대비해도 쾅 하고 한 방 얻어맞을 수 있는 시대이다.

이런 시대에는 불안, 불만, 불확실성을 유난히 못 견뎌 하는 사람이 매우 불리하다. 골치 아픈 일은 때로 하나가 아니라 두 개 이상 동시다발적으로 발생한다. 그 와중에 우리는 일을 해야 하고 아이를 키워야 하고 친구를 만나야 하고 주말이면 여행을 가야 한다. 담담하지 않고 흔들리면 끊임없이 우왕좌왕하다가 일을 더 망친다. 우리는 불안, 불만, 불확실성을 운명으로 받아들이고 그 위에서 편히 잠을 잘 수 있어야 한다. 올림픽 금메달 2관왕에 오른 이상화 선수는 대회를 앞두고 불길한 예감에 사로잡힌 적이 있다고 한다. 그러나 그다음 날 최고 능력을 발휘해 금메달을 땄다. 보통 사람은 불길한 예감이 들면 능력을 제대로 발휘하지 못하고 경기를 망치고 만다. 불안, 불만, 불확실성의 시대에는 마음이 편치 않아도 최선의 능력을 발휘할 수 있는 흔들리지 않는 몸과 마음이 필요하다.

9급 공무원 시험이 인기가 많지만 생각보다 봉급도 적고 과거와는 달리 연금 혜택도 크지 않다. 끝없는 해고의 위험에서 벗어나고 싶어서, 불확실성이 작다는 이유로 젊은 이들이 공무원 시험에 목을 맨다. 이런 자세로는 미래를 헤쳐 나가기 어렵다. 끊임없이 해고의 위험이 덮치는 시대, 결국 해고되고 재취업하기 위해 교육 훈련을 받아야 하는 시대에 께름칙한 일이 생기면 만사를 망치고 마는 성격으로는 살아가기 어렵다.

언젠가 컴퓨터를 가르치는 교수에게 물어보니 이 분야는 기술이 워낙 빠르게 발전하기 때문에 몇 년만 한눈팔면 뒤떨어져 영원히 따라가지 못한다고 말했다. 대학 1학년 생이 배우는 교과서는 대학을 졸업할 때가 되면 무용지물이 라는 극단적인 말도 있다. 인공지능과 로봇 영역, 빅데이터 영역, 사물인터넷 영역, 컴퓨터 보안 영역, 드론 영역, 생명공 학 영역 등은 워낙 빠르게 변하기 때문에 평생 배우고 가르 치는 일을 숙명으로 받아들여야 한다. 컴퓨터가 물리학, 화 학, 생물학, 기계공학은 물론이고 심지어 사회과학에도 응용 되므로 컴퓨터에 변화가 일어날 때마다 모든 학문 역시 변화 를 겪는다. 과거에는 컴퓨터 전공자만 끊임없이 변화하는 기 술을 배워야 했지만 이젠 거의 모든 이공계와 일부 사회과학 분야에서도 끊임없이 새로운 방법론을 습득해야 한다. 학회 에서는 교수와 박사급 연구원들에게 새로운 기술을 소개하 는 튜터식 강의Tutorial를 자주 제공한다. 교수는 새로운 방법 론이 나오면 자신이 직접 배우기도 하지만 실험실 연구원을 보내 습득하게 하기도 한다. 이제 교수마저 평생 학습해야 하는 시대가 되었다. 따라서 학습 능력이 좋은 교수가 앞서 갈 수밖에 없다.

요즘은 4차 산업혁명이 워낙 빠르게 진행되다 보니 과거에 등장한 기술이 현재 진행형임에도 마치 종료된 것처 럼 느껴진다. 예를 들어 빅데이터는 몇 년 전에 한국을 아주

뜨겁게 달구었고 그래서 정부가 많은 예산을 지원했던 영역인데 요즘은 4차 산업혁명이라는 단어에 밀려 잠잠하다. 4차 산업혁명은 빅데이터를 포함하고 있기 때문에 빅데이터는 아직 끝나지 않았다. 하지만 사람들은 빅데이터가 끝나고 4차 산업혁명이 시작되었다고 착각한다. 이처럼 하나를 미처 끝마치기도 전에 또 다른 물결이 줄지어 밀어닥치니 전문가마저도 혼란을 일으킨다. 예를 들어 빅데이터, 데이터 사이언스, 인공지능, 머신러닝, 딥러닝 등은 모두 서로 연결된 기술임에도 우리는 정신을 차리지 못하고 이러한 회오리바람에 말려든다.

담담하게 흔들리지 않고 물 흐르듯 가면 세상의 변화에 유연하게 대응할 수 있다. 흔들리지 말라는 말에 '어떤 변화가 와도 꿋꿋하게 버티자'라고 경직된 자세를 갖는다면 큰 착각이다. 흔들리지 말라는 말은 불안, 불만, 불확실성을 안고서라도 자신의 능력을 최대한 발휘하며 가야 한다는 의미이지 의사결정과 행동을 수정하지 않고 처음 고집대로 밀고 가야 한다는 말은 아니다. 한때 빅데이터에 휩쓸리더니 다시 4차 산업혁명이라는 말에 휩쓸리는 한국을 보면 저절로 한탄이 나온다. 인공지능과 로봇 시대에는 능력이 부족할수록 더욱더 흔들리지 않는 담담함을 갖출 필요가 있다.

흔들리지 않는 몸과 마음을 갖추려면 첫째, 개똥철학이라도 좋으니 나만의 철학을 정립해야 한다. 철학이 있어야 남과 비교하지 않고, 남을 부러워하지 않고, 나만의 경기를 치를 수 있다. 이에 대해선 뒤에서 좀 더 자세히 다룰 것이다. 둘째, 뇌 신경회로와 호르몬이 인간의 사고와 행동을 좌우한다는 사실을 깨닫고 몸과 마음을 강화할 수 있는 훈련을 해야 한다. 명상이 유일한 방법은 아니지만 나는 명상을 권한다. 다소 엉뚱하게 들릴 수도 있으나 서구의 리더가 왜 명상에 열광하는지 한 번쯤 생각해볼 일이다.

## 좀 더 자유롭게 좀 더 개인적으로 살자

    유엔 행복보고서에 따르면 우리나라는 행복도 순위에서 58위 근처를 맴돈다. 대체로 부자 나라의 행복도가 높고 가난한 나라의 행복도는 낮지만 예외가 있다. 한국, 일본, 싱가포르는 소득에 비해 행복도가 낮고 남미 국가는 소득에 비해 행복도가 높다. 한국, 일본, 싱가포르의 공통점은 무엇일까? 유교 국가, 집단주의, 물질만능주의가 자주 거론된다.《공자가 죽어야 나라가 산다》의 저자 김경일 박사는 유교는 사람을 위한 도덕이 아니라 정치의 도덕, 기득권자의 도덕이라고 비판한다. 유교 국가는 집단주의가 개인주의를 앞서며 개인의 가치, 욕구는 억압된다. 개인주의란 단어는 나쁜 뉘앙스를 풍기기에 나는 '개인주의'보다 '자유'라는 단어를 사용하고 싶다.

    처음 미국에 갔을 때 미국 사람은 우리에 비해 매우

자유롭다고 느꼈다. 나중에 남미에 가니 자유로운 정도를 넘어서 제멋대로라고 느껴졌지만 그들의 인간적인 모습에 은근히 끌리기도 했다. 우리는 상상도 못 할 사고와 행동을 참으로 자연스럽게 하는 남미 사람이 부러웠다. 우리의 사고와 행동은 겉으로는 예의 바를지 몰라도 불편하고 인위적이다. 자유로운 섹스를 주장하다가 비극적으로 삶을 마감한 연세대학교 마광수 교수의 주장이 감옥에 갈 정도는 아니라고 생각한다. 나는 그의 주장에 100퍼센트 동의하지는 않지만 도대체 그의 글이 무엇이 문제인지 모르겠다. 우리 모두가 동의하는 글만 발표해야 한다면 숨 막히는 나라가 아니겠는가? 대한민국은 '동방예의지국'이 아니라 '동방가식지국'이라고 불러 마땅하다. 어디 섹스뿐인가? 한국 사람은 돈을 대하는 자세도 이중적이다.

한 조사에 따르면 한국 사람이 보이는 물질추구 성향은 세계 최고이다. 미국, 일본을 능가하는 것은 물론 세계 최빈국인 짐바브웨보다도 높다. 내가 "돈이 많으면 한량없는 복을 얻으니 돈을 열심히 벌라"는 부처님 말씀을 소개하면 화를 내고 반발하는 사람도 있다. 우리는 섹스와 돈에 있어서 솔직하지 못하다. 내로남불(내가 하면 로맨스 남이 하면 불륜)이 전 세계에서 가장 심한 나라가 우리나라 아닐까? 섹스와 돈은 말할 것도 없고 정치에서도 내로남불 하는 정치인과 정당 그리고 그들을 지지하는 유권자가 얼마나 많은가.

소득이 높은 나라는 돈이 많아서 행복한 게 아니라 투명한 신뢰 사회, 개인의 자유, 공동체 정신이 있기 때문에 행복한 것이다. 복지국가는 국민을 가난, 실업, 질병에서 해방하므로 행복도가 높은 것이지 복지제도 자체가 원인인 것은 아니다. 소득이 개인의 자유를 증진하지만 가난해도 남의 눈치 보지 않고 살며 사회 분위기가 자유로우면 역시 개인의 자유가 증진된다. 남의 눈치를 많이 보는 한국에서 개인의 자유는 억압된다. 행복은 추구하면 얻을 수 없으므로 추구하지 않고 추구해야 한다. 행복은 공학적인 방법으로 얻을 수 없기에 원인 찾기에 골몰하지 않는 게 좋다. 우리에게 지혜, 자유, 평온이 있다면 행복하다는 증거지만 '지혜, 자유, 평온이 행복의 원인인가 보다'라고 생각하는 순간 행복은 사라진다. 행복이란 지혜, 자유, 평온의 또 다른 측면이고 지혜, 자유, 평온의 부수적 산물이다.

어느 모임에서 나를 처음 초대하면서 나에게 밥값을 지불해달라고 요청했다. 밥값 낼 사람이 마땅치 않아서 나를 불렀나 싶어 기분이 별로 좋지는 않았지만 초청자가 내가 워낙 좋아하는 사람이라 오해의 마음은 금방 사라졌다. 식사가 끝나고 내가 밥값을 내려 하자 두 사람이 나서면서 내가 내서는 안 된다고 주장했다. 그래서 다음 번 모임에 내가 밥값을 내기로 했는데 하필 모임 날 아침에 몸이 무척 아팠다. 옛날의 나 같으면 몸이 아파도 '밥값 내기 싫어서 아프다고 핑계 대고 불참했구나'라는 오해를 받기 싫어 꼭 참석했을 것이다. 더구나 이전 모임 때 내가 밥값을 내기로 했다가 다른 사람이 냈기 때문에 불참하면 오해는 더 커질 수 있었다. 그러나 나는 전화를 걸어 아파서 참석할 수 없다고 말했다. 오해하건 말건 내가 편한 대로 살고 싶었다. 나는 법과 윤리의 황금률에 어긋나지 않으면 내 마음대로 살기로 했다. 윤리의 황금률은 '내가 싫은 일을 남에게 하지 말라'이다. 나는 밥값을 내기로 한 사람이 아파서 오지 못하면 충분히 이해한다. 나는 요즘 사람들의 부탁에 "노"라고 대답할 때가 많다. 좀 더 자유롭게 살고 싶다. 남이 뭐라고 욕하건 크게 신경 쓰이지도 않는다.

죽음을 앞둔 사람에게 가장 후회되는 일이 무엇인지를 물은 조사 결과를 보면 '나라에 좀 더 기여할걸, 사회에 좀 더 봉사할걸, 학문을 좀 더 연구할걸, 직장을 위해 좀 더 노력할걸'이라고 후회한 사람은 한 명도 없었다. 대부분 사랑하는 사람과 좀 더 좋은 시간을 갖지 못한 것을 후회했다고 한다. 착한 사람, 마음이 여린 사람, 모범생일수록 남의 기분과 요구에 좌우되며 건강도 해치고 수명도 짧다. 바람 부는 대로 낙엽 지는 대로 살듯이 나의 욕망이 부는 대로 나의 욕망이 지는 대로 살자. 법과 윤리의 황금률 테두리 내에서 제멋대로 살아도 크게 어긋나지 않을 때 지혜가 있는 것이다. 흔들리지 않는 몸과 마음으로 자유롭게 살면 평온을 유지할 수 있다.

인공지능과 로봇 시대에는 인간의 본질과 생존 규범이 근본적으로 재정립된다. 무엇이 옳고 그른지, 무엇이 소중한지 알 수 없는 시대다. 낡은 유교적 집단주의가 개인의 자유를 말살하면 시대를 거스르고 행복을 파괴하는 것이다. 우리는 남이 해답을 주지 못하는데도 남의 시선을 의식하고 수천 년 된 낡은 윤리가 우리의 자유를 억압하는데도 규격화된 틀에서 벗어나지 못한다. 오직 모를 뿐인 인공지능과 로봇 시대에는 좀 더 둔하게, 좀 더 내키는 대로 살아보자.

윤리와 법은 지나치게 인간을 훌륭한 존재로 생각하고 설정한 규범이다. 인공지능 시대에 인간은 만물의 영장이 아니다. 거짓말 잘하고 자기중심적이며 일관성 없는 인간을 인공지능이 좋아할 리 만무하다. 위르겐 슈미트후버의 주장처럼 인공지능의 눈에 인간은 진화의 과정에서 탄생한 동물

중 하나에 불과하다. '내가 싫은 일을 남에게 하지 말자'라는 윤리의 황금률만 지킨다면 진화의 과정에서 생성된 생명체의 본능에 더욱 충실해도 문제될 게 없다. 꿈과 목표라는 인위적 구조물을 만들고 세상을 자기 입맛에 맞게 요리하며 다른 동식물에 횡포를 부렸던 인간이 이제 처음으로 열등한 위치에 놓일 위기에 처해 있다. 더욱 겸손하게 인간 본연의 모습에 충실한 삶을 살아야 한다. 우리가 키우는 반려동물이 가식과 위선의 삶을 산다면 훌륭하기보다는 애처롭게 느껴지지 않을까? 인공지능이 우리를 보는 눈도 마찬가지일 것이다. 좀 더 자유롭고 솔직하고 즐겁게 살자.

## 삶에서 힘을 빼고 개똥철학이라도 갖자

운동선수는 운동이 어느 수준에 이르면 힘을 많이 쓰지 않고도 잘할 수 있다고 말한다. 초보는 힘을 잔뜩 주는데도 자세가 나쁘고 잘하지도 못한다. 나는 이 말이 맞다고 생각하면서도 실제로 이를 체험하는 데는 오랜 시간이 걸렸다. 미국에서 공부할 때 나는 건강을 위해 수영 수업을 들었다. 그때 수영 실력이 늘수록 힘이 덜 들어가는 것을 경험했다. 초보 시절에는 숨쉬기조차 힘들고 한 번 왔다 갔다 하면 지치기 일쑤였는데 점점 실력이 늘자 여러 번 왔다 갔다 해도 힘이 들지 않았다. 배운 지 몇 년이 지나자 리듬을 타며 수영을 할 수 있게 되었다. 이제는 힘을 빼고 그야말로 물속에서 물 흐르듯 수영을 한다. 야구 선수에게도 비슷한 말을 들었다. "진정한 고수는 힘을 빼고 운동하는 법을 안다." 힘을 빼는 것이 힘을 빼는 것이 아님은 물론이다. 실력 있는 가수는 아주 큰 오페라하우스에서도 마이크 없이 노래하는데 이는 발성법 때문이다. 발성법은 호흡 못지않게 힘을 빼는 것이 중요하다. 성대에 힘을 잔뜩 집어넣으면 오히려 좋지 않다. 호흡이 올바르면 힘을 빼도 큰 소리가 저절로 나온다고 한다.

어느 정도 수준에 도달해야 힘을 빼고 자연스럽게 운동할 수 있듯이 정신 역량도 어느 정도 수준에 도달해야 바람 부는 대로 낙엽 지는 대로 살 수 있다. 20대 젊은이가 이렇게 살기는 쉽지 않으리라 생각한다. 30, 40대가 되면 삶의 굴곡을 겪으면서 세상이 예측한 대로 흘러가지 않음을 알고 우리를 둘러싼 많은 요인과 조건이 만들어내는 대로 사는 삶에 공감한다.

우리는 힘들면 삶에 잔뜩 힘을 준다. 인생은 심각해지고 즐거움을 만끽하지 못한다. 무엇보다 쓸데없는 자존심을 버려야 하지만 그렇다고 나를 비하할 필요도 낮출 필요도 심지어 겸손해할 필요도 없다. 삶이 힘들고 고통스러울수록 삶에서 힘을 빼고 인공지능의 파도를 헤쳐가야 한다. 마치 물속에서 물 흐르듯 수영하듯이 삶도 담담하게 물 흐르듯 최선을 다하면서 살아가야 한다.

돈을 많이 벌면 떵떵거리며 인생을 즐기겠다고 결심

한 사업가가 있었다. 겨우 살 만하게 되었는데 나이가 너무 들어 여행을 가도 재미가 없고 건강도 나빠져서 젊은 시절에 상상했던 즐거움은 없었다. 그는 이럴 줄 알았으면 돈 벌 때까지 기다리지 않고 돈 벌면서 인생을 즐겼을 것이라고 후회했다. 조금만 더 벌면 될 것 같고, 추진하던 사업이 마무리되면 그때는 인생을 즐길 수 있을 것 같았는데 그런 시절은 좀처럼 오지 않더라고 한탄했다. 우리는 힘든 일이 생기거나 어떤 목표에 집착하면 인생을 즐기지 못한다. 당연하지만 알고 보면 참으로 억울한 일이다. 매 순간 즐기는 일은 시시각각 가능하지만 삶에 힘이 잔뜩 들어가다 보니 막상 즐거운 일이 즐겁게 느껴지지 않는다. 살다 보면 힘든 일이 이어지기 마련이라 항상 삶에 힘이 들어갈 위험이 있다.

뭘 좋아하는지 모르겠고, 뭘 잘하는지도 모르겠다는 젊은이가 그냥 순간순간을 만끽하며 살아도 나이가 들어 후회하지 않는다면 순리대로 산 것이지 되는 대로 산 것은 아니다. 후회하지 않으려면 무엇보다도 철학이 있어야 한다. 나이 들어 지난 삶이 후회된다면 삶을 둘러싼 많은 요인과 조건이 만들어낸 이치대로 산 것이 아니라 그저 되는 대로 산 것이다. 삶에 힘이 잔뜩 들어가 있으면 담담하게 물 흐르듯이 살기 어렵다. 인공지능의 파도에 올라타서 헤엄치는 것과 게으르게 사는 것이 구별되지 않을 때가 많다. 게으르게 살아도 후회하지 않고 결과에 책임질 자신이 있다면 바람 부는 대로 낙엽 지는 대로 사는 것이다.

나는 미국에서 학생으로, 교수로 오래 살았다. 뉴질랜드에서는 교환교수로 1년을 살았다. 미국과 뉴질랜드에 사는 게으른 사람과 우리나라에 사는 게으른 사람의 가장 큰 차이점은 무엇일까? 그들은 상대적으로 우리보다 남을 덜 부러워하고 한없이 태평하다. 우리나라에 사는 게으른 사람은 남을 부러워하는 데는 결코 게으르지 않다. 남미에 가보고 우리랑 너무나 다르게 한없이 태평한 모습에 놀랐다. 우리가 참고해야 할 삶이 아닐까 하는 생각이 들었다.

미국, 뉴질랜드, 남미의 게으른 사람이 우리보다 정신세계가 앞서 있거나 교양이 더 많아 보이진 않았다. 다만 그들에겐 개똥철학이 있어 보였다. 그들의 철학은 타고난 유전자의 영향을 받은 것 같기도 하고, 사회와 문화의 영향을 받은 것 같기도 하다. 개똥철학일지라도 내겐 의미 있어 보인다. 왜냐하면 그들에게는 적어도 평온함이 느껴지는데 우리나라의 게으른 사람들에겐 평온보다는 긴장이 느껴지기 때문이다. 그들에겐 만만디의 여유가 있는데 우리나라의 게으른 사람에게는 여유보단 부러움, 질시가 보인다. 인공지능과 로봇 시대는 1 대 99 혹은 0.1 대 99.9의 사회가 될지도 모른다. 이렇게 남을 부러워만 하다간 전 국민이 1퍼센트 혹은 0.1퍼센트를 부러워하는 나라가 된다.

철학도 없이 게으르면 인생의 뒤안길에서 후회한다. 철학도 없이 게으르면 겁도 없이 게으르다는 말이다. 타고난 개똥철학이 없다면 자신의 게으름을 위한 후천적 개똥철학이라도 만들어야 한다. 아무리 노력해도 개똥철학조차 만들어지지 않는다면 게으르긴 다 틀렸으니 열심히 노력하는 수밖에 없다. 자기 자신을 알고 게을러야 하는데도 편하다고 무조건 게으르면 인생이 나중에 후회로 가득 차 주위 사람까지 불편하게 만든다. 불안과 불만으로 가득 찬 사람과 함께 있으면 말투는 물론이고 표정, 몸짓, 심지어 철학까지 저절로 비슷해진다. 이는 실험에서도 밝혀진 바 있다.

사회에 불안과 불만이 가득 찬 사람이 득실거리면 나라의 성격도 불안과 불만으로 물든다. 남을 부러워하고 남에게 뽐내고 싶어 하는 게 인간의 본성이지만 한국은 유난히 심한 것 같다. 비싼 외제 승용차가 팔리는 숫자를 보면 한국은 부끄러운 수준이다. 웬만한 철학으로는 이 도도한 물결을 거스르고 살아가기 어렵다. 우리의 말투, 표정, 몸짓, 가치관은 모두 물질만능주의를 향해 달려가고 있다. 온 국민이 전

염병에 걸려 한마음 한 몸이 되어버린 것이 지금의 대한민국이다. 삶에서 힘을 빼고 개똥철학이라도 붙들고 여기서 벗어나자.

## 감당할 수 있는
## 욕망만을 지고 가는 것도 철학이다

그는 서울에 있는 명문대를 졸업하고 뜻한 바가 있어 지방으로 내려가 이름도 없는 기관에서 직장 생활을 한다. 그의 꿈은 가족과 함께 저녁을 먹는 삶이었다. 아버지와 헤어진 어머니가 평생 홀로 그를 키우면서 온갖 고생을 다했다. 그는 항상 어머니가 냉장고에 넣어둔 음식을 꺼내 혼자 저녁을 먹었다. 다행히 공부를 잘해서 명문대에 진학했으나 졸업후 지방의 이름 없는 조직에 들어가 당당하게 대접받으며 근무했다. 야망이 있는 사람은 곁눈질조차 하기 어려운 보잘것없는 직장이지만 여섯 시면 퇴근한다는 장점이 있었다. 그는퇴근 후 이제는 몸이 아파 일을 못 하는 어머니, 아내, 어린딸과 함께 단란하게 저녁을 먹는다. 꿈을 이루었으니 그는성공한 셈이다.

어느 날 그가 서울에 갔더니 오랜만이라고 선배와

친구가 술자리를 마련했다. 다들 왜 지방에 내려가서 별 볼 일 없는 직장에 근무하느냐며 서울로 올라오는 방법을 이야기해주었다. 그러자 그는 정색하며 "저는 정말 괜찮거든요. 그냥 말로만 그러는 게 아니라 정말 괜찮아요"라고 말했다. 내가 볼 때 그는 철학이 있는 청년이다. 그는 서울에서 멋진 직장에 다니는 친구와 선배를 부러워하지 않고 어떤 정치인이 주장한 '저녁이 있는 삶'을 누리면서 편안하고 멋지게 산다. 자신이 감당할 수 있는 욕망만을 지고 가는 것도 철학이다.

　　미국 월스트리트에서 근무하던 아이비리그 출신 펀드매니저가 밤늦게까지 근무하며 경쟁에서 이기기 위해 동료를 모함하고, 실적을 내기 위해 어쩔 수 없이 고객을 속이는 일에 회의를 느끼고 지방 소도시 도서관으로 직장을 옮겼다. 봉급은 5분의 1로 줄었지만 비로소 만족해하는 이런 삶을 '자발적 빈곤'이라고 부른다. 그는 도서관에서 '저녁이 있는 삶'을 즐기며 더 이상 월스트리트 생활을 부러워하지 않는다. 역시 같은 도서관에 근무하는 지방의 이름 없는 대학 출신 젊은이는 자신의 삶을 한탄하며 월스트리트에서 근무하는 유능한 직장인을 부러워한다. "너야 아이비리그 나와서 여기 있으니 남들 앞에 당당하고 좋은 대접도 받지만 난 이름 없는 대학 출신이고 아무도 알아주지 않아"라는 한탄은

철학이 없는 사람에게서 나오는 말이다. 똑같이 도서관에 근무하지만 한 사람에겐 철학이 있고, 한 사람에겐 철학이 없다. 그는 자신의 동료가 아이비리그 출신이 아니어야만 비로소 마음이 편안해질 것이다. 하지만 더 잘생긴 동료, 부모에게 유산을 물려받은 동료, 고속 승진하는 동료 등 부러움의 연쇄 작용은 멈출 날이 없다.

우리는 TV 드라마, 영화, 소설 등에서 세속적인 의미에서 최고로 성공한 사람을 본다. 잘생기고 똑똑하고 집안 환경도 좋고 돈도 많다. 해외로 유학 갔다 온 부잣집 자식이 왜 그렇게 많은지 모르겠다. 그들이 누리는 화려한 생활은 더욱 과장되어 우리 머릿속에 저장되고 우리는 영화와 현실을 혼동하며 현실감각을 상실한다. 너무나 멋진 사람이 너무나 멋진 자동차를 타고 너무나 멋진 집에 도착해 너무나 멋진 배우자와 최고로 좋은 가구로 치장된 방에서 최고급 요리를 먹으며 최고로 비싼 옷을 입고 산다. 알고 보면 터무니없는 꿈을 부추기는 비현실적인 사례지만 우리는 그렇게 되기를 꿈꾼다. 현대인은 웬만한 직업에는 만족하지 못한다. 드라마, 영화, 소설 속 주인공과 비교하다 보니 웬만한 이성은 시시해 보인다. 게다가 주변에는 웬 성공 사례와 부러움의 대상이 그렇게 많은지 모른다. 과거 농경시대에 농부는 세계에서 가장 좋은 물건이 무엇인지 알기 어려웠지만 오늘날은 아무리 시골에 살아도 제일 좋은 차, 옷, 물건이 무엇인지 알며 돈만 있으면 그것을 쉽게 살 수 있다. 그러다 보니 웬만한 선물은 받아도 기쁘지 않고 명품 정도는 돼야 감동한다.

미국에서 실시한 한 조사에 따르면 중산층이 경제적 곤란에 빠지는 가장 큰 이유는 부자의 소비 패턴을 흉내내기 때문이라고 한다. 우리가 남을 의식하고 남에게 뽐내고 싶어 하면 이미 부러움의 늪에 빠진 것이다. 내가 지금 비록 가난하지만 자기 분수를 알아서 부자의 소비 패턴을 따르지 않고 그들을 부러워하지 않는다면 내겐 철학이 있는 것이다. 내가 감당할 수 있는 욕망만을 지고 가면서 남을 부러워하지 않는 사람이야말로 오늘날 시장자본주의에서 최고 수준의 철학을 지니고 있는 것이다. 진화론에 의하면 욕망이 있어 인간이 생존할 수 있다고 하니 우리는 모두 욕망 앞에 정직해야 한다. 쥐에게서 욕구와 관련된 신경회로를 차단하면 쥐가 아무것도 원하지 않게 된다. 주위에 음식이 있어도 그것을 원하는 기능이 훼손되었기 때문에 굶어 죽는다. 그렇지만 쾌락을 담당하는 중추는 아직 살아 있어서 음식을 입에 넣어주면 맛은 즐길 수 있다.

욕망을 억압해 금욕으로 흐르면 인간은 이중적으로

변하고 삶이 왜곡된다. 연구에 의하면 초콜릿을 먹지 말라고 금지한 집단이 초콜릿을 자유롭게 먹도록 허용한 집단보다 나중에 더 많은 초콜릿을 먹었다. 그렇다고 욕망을 가속화하면 감당하지 못할 수준으로 치솟을 수 있다. 감당도 못 할 욕망을 쥐고 삶을 망가뜨리는 사람은 어리석다. 철학이 있는 사람은 자신이 감당할 수 있는 욕망만 지고 가면서도 결코 남을 부러워하지 않는다. 감당할 수 있는 욕망만 지고 가야 인공지능 시대에 불행의 늪에 빠지지 않는다. 금욕하지도 탐닉하지도 말고 자신이 감당할 수 있는 욕망만 지고 가자.

인공지능과 로봇 시대는 경제가 급속도로 발전하는 시대이며 욕망을 충족시킬 수 있는 대상이 폭발적으로 증가하는 시대이기 때문에 자신이 감당할 수 있는 욕망을 파악하는 지혜가 무엇보다 절실하게 필요하다. 시장자본주의 아래에서 기업은 소비자가 감당하기 어려운 제품을 생산해 구입하라고 유혹한다. 4차 산업혁명 시대의 제조업은 개인의 욕구에 딱 들어맞는 맞춤형 제품을 훨씬 싼값에 생산한다. 인간이 '돈, 돈' 하는 이유는 돈이 어떤 욕망이든 충족시킬 수 있는 자유로운 권력이기 때문이다. 우리는 욕망을 충족하기 위해 돈을 번다는 사실마저 망각하고 돈 그 자체를 벌기 위해 죽기 살기로 덤빈다. 뉴노멀 시대에는 자칫하면 중산층이 빈곤층으로 전락할 수 있다. 조금 더 벌기 위해 도박이나 다름없는 모험을 하다가 가진 것마저 지키지 못하고 가난으로 내몰리는 일이 주변에서 흔히 일어난다. 더 가지려 하지 않고 가진 것을 잘 지키는 것도 자신이 감당할 수 있는 욕망만을 지고 가는 것이다.

자신이 감당할 수 있는 욕망만을 지고 가려면 욕망의 잔가지를 쳐내고 단순 소박한 삶을 지향해야 한다. 시장 자본주의는 수많은 대안을 우리에게 제시하므로 그만큼 후회와 불만이 커진다. 욕망 아래에서 압사당하기 싫다면 욕망의 목록에서 가장 중요한 것 한두 개만 제외하고 나머지는 쳐낼 수 있어야 한다. 그래야 인위적인 장식으로 가득한 삶을 떠나 자연스럽게 즐거운 삶을 살 수 있다. 모든 욕망을 버리고 수도승처럼 살라는 말이 아니다. 한두 가지 욕망에만 충실하자는 말이니 금욕 역시 아니다. 욕망이 너무 많으면 나보다 뛰어난 소수의 천재, 나보다 뛰어난 인공지능이 누리는 현란한 삶을 흉내 내다가 내가 가진 것을 다 놓칠 수 있다. 나에게 적당한 욕망의 정도를 찾아내는 지혜를 기르자.

## 돈과 중요한 일에 있어서는 놓친 이익보다 입은 손실이 더 치명적이다

한 연구에 따르면 대안이 많을 때 선택하고 나서 후회도 크다. 말하자면 네 개의 대안 중에서 하나를 선택한 뒤에 하는 후회보다 열 개의 대안 중에서 하나를 선택한 뒤에 하는 후회가 더 크다. 소개팅을 백 번 한 끝에 '맨 처음 소개받은 사람이 제일 나았구나'라고 후회하며 백 번째 사람과 결혼한다는 우스갯소리가 있다. 인간은 무언가를 선택하고 나면 대부분 후회할 수밖에 없다. 가지 않은 길이 가진 장점은 커 보이고 내가 선택한 길이 가진 장점은 작아 보인다. 슈퍼마켓에 가도 선택할 물건이 넘쳐나고 온갖 영역에서 대안이 많기에 선택한 후에 밀려오는 후회는 그만큼 더 크다.

후회에는 두 가지가 있다. '그때 하지 말았어야 했는데' 하는 후회와 '그때 했어야 했는데' 하는 후회다. 우리에게 부끄러움이나 자존심이란 별것 아닌 감정의 인위적 조작이라는 사실을 나이가 드니 알게 되고, 후회에 대한 생각도 바뀌게 되었다. '그때 하지 말았어야 했는데' 하는 후회는 점점 하지 않는다. 왜냐하면 실수도 하고 잘못도 저지르면서 살 수밖에 없다는 지혜를 나이 들면서 얻게 되기 때문이다. 오히려 '그때 했어야 했는데'라는 후회를 더 많이 하게 된다. '뭐가 부끄러워서, 뭐가 자존심 상한다고 해보지도 않았지? 그땐 왜 그걸 몰랐을까? 좀 더 부지런했어야 했는데'라는 생각 말이다.

한국 사람에게 가장 후회되는 일이 무엇인지 물었더니 남녀 모두 20대는 '공부 좀 할걸'이었다. 30대도 '공부 좀 할걸'이었는데 40대, 50대도 마찬가지였다. 60대에 가서야 답변이 남자는 '젊을 때 돈 좀 벌걸', 여자는 '자식 공부 좀 더 시킬걸'로 바뀌었다. 여기서 알 수 있는 사실은 '하지 말았어야 했는데'라는 후회보다 '했어야 했는데'라는 후회가 압도적이라는 것이다. 곰곰이 생각해보면 무언가를 했다가 실패했을 때보다 해보지도 못했을 때 더욱 큰 후회가 남는다.

사람들은 오랜만에 만나면 "요즘 어떻게 지내요?"라고 묻는다. 나는 가끔 인생이란 후회하며 사는 게 아닐까라는 생각을 한다. 그렇다면 "후회하며 지내요"라고 답해야 할까? 후회하지 않으며 살 수는 없으니 후회의 양을 줄이는 수밖에 없다. 후회할 때면 뇌는 어김없이 불편한 상태가 되어 후회를 합리화하려 덤빈다. '그때 내가 그렇게 말하지 않았으면 그 녀석은 정신 못 차렸을 거고 결국엔 대학에 떨어졌을 거야', '네가 직장에서 쫓겨나서 그나마 건강해진 거야. 계속 일했으면 넌 암에 걸렸을지 몰라. 맨날 술 마시고 늦게 퇴근했잖아'라는 얼토당토 않은 합리화를 곧잘 만들어낸다. 하지만 아무리 합리화를 해도 마음은 여전히 불편하다.

후회 없이 살 수 없다는 말을 아무리 반복해서 들어도 후회되는 행동과 말은 죽을 때까지 자신을 괴롭힌다. 우리는 욕망의 영역에서 벗어나지 못하기 때문에 '하지 말았어야 했는데'라는 후회보다 '했어야 했는데'라는 후회가 더 절실할 수밖에 없다. '했어야 했는데'라는 후회는 욕망이 놓쳐버린 이익으로 인한 후회지만 '하지 말았어야 했는데'라는 후회는 욕망으로 입은 손실로 인한 후회다. 인간은 놓친 이익을 입은 손실보다 더 아쉬워하며 더 크게 생각하는 경향이 있다. 샌프란시스코 골든게이트교에서 자살을 시도했다가 극적으로 구출된 사람 수십 명을 조사하니 한결같이 "골든게이트교에서 바다로 뛰어내리는 순간 뼈저리게 후회했으며 너무나 살고 싶었다"고 말했다고 한다. 이처럼 후회는 죽는 순간까지 계속된다. 이때의 후회가 '하지 말았어야 했는데'라는 사실이 흥미롭다.

삶에서 대부분의 일은 적극적으로 해도 큰 손해가 나지 않는다. 너무 조심조심 살거나 눈치 보고 부끄러워하며 자존심을 세울 필요가 없다. 다만 돈에 관한 일, 매우 중요한 일은 다르다. 예를 들어 부모 자식, 형제자매, 친한 친구 사이에 절대 해서는 안 될 말을 하면 평생 지속되는 손실을 입는다. 극단적인 사례로 자살을 들 수 있다. 한번 해보자는 식으로 자살을 해볼 수는 없지 않은가? 그래서 돈에 관한 일, 매우 중요한 일은 '하지 말았어야 했는데'라는 후회를 하지 않도록 신중해야 한다. 일상에서 일어나는 그 외의 다른 일은 '했어야 했는데'라는 후회를 하지 않도록 적극적으로 살아야 한다.

시장자본주의 시대에 놓치고 만 금전적 이익은 우리에게 치명상을 입히지 않지만 입은 손실은 치명상을 입힌다. 봉급생활자가 1억 원을 모으려면 10년 혹은 거의 평생 걸리지만 1억 원을 잃는 것은 순식간이다. 인공지능, 로봇, 뉴노멀 시대는 복잡성과 변화로 점철된 불확실성 시대이므로 내게 무슨 일이 닥칠지 모르기에 이익의 극대화보다 손실의 최소화가 더 중요하다. 은퇴 후 평생 모은 퇴직금을 사기당하거나 잘못된 투자로 날려 노후 빈곤층으로 전락하는 사람이 한둘이 아니다. 요즘 젊은이를 보고 모험심과 패기가 없다고 한탄하지만 모험심과 패기로 이익을 추구할 때가 아니라 내가 가진 것을 잃어버리거나 치명적 손실로 생존의 위험에 빠지는 것을 걱정해야 할 때이다. 미국과 달리 대한민국은 모험을 펼칠 나라가 아니기에 공무원을 하겠다는 젊은이가 노량진으로 모여든다. 세상을 바꾸기 전에는 젊은이가 바뀌지 않는다. 기존의 법칙과 원칙이 무용지물인 시대에는 어떤 일이든지 발생할 수 있다고 생각하고 살아야 한다. 비정상이 정상이 되는 세상이므로 옳고 그른 것에 대한 기준도 바뀐다. '안 그러겠지, 괜찮겠지'라고 안일하게 생각하지 말고 무슨 일이든지 일어날 수 있다 생각하고 거기에 대비해야 한다. 철석같이 믿었던 친구가 배신할 수도 있고 형제지매가 재산 때문에 나에게 칼을 겨눌 수도 있다.

요즘 자주 듣는 말 중 하나가 "사람은 금전 거래를 해보지 않으면 몰라요"이다. 유대인이 자식에게 남을 믿지 말라고 교육시킬 때 자주 사용하는 사례를 참고해보자. 부모는 자식에게 전등을 교체하라고 지시한 뒤 의자를 잡아줄 테니 올라가라고 말한다. 그리고 자식이 의자에 올라가면 의자를 넘어뜨린 다음 "아무도 믿지 마라. 부모도 믿지 마라"라고 교육시킨다. 슬픈 이야기지만 이제 우리는 손실을 최소화하기 위해 검증되지 않은 사람은 누구도 믿지 말아야 한다. 인공지능 시대에는 소수에게 돈이 집중되는 0.1 대 99.9의 사회가 될 것이기에 빈부격차는 더욱 벌어지고 승자독식은 만연하며 더욱 냉혹한 인간관계가 횡행할 것이다. 프랑스의 탁월한 경제학자 피케티의 말대로 이미 세상은 큰 부자가 그린 그림대로 만들어지고 있으며 인공지능 시대에는 이런 현상이 더욱 가속화될 것이다. 정치가 이 문제를 해결하지 못하면 우리는 살아남기 위해, 손실을 최소화하기 위해 몸부림칠 수밖에 없다.

대한민국의 시장자본주의는 천민자본주의이고 가진 것을 누리는 즐거움보다 잃는 고통이 더 큰 시장자본주의다. 특히 나이가 들수록 이익을 얻고자 모험을 하지 말고 가진 것을 잘 지키며 치명적인 손실을 입지 않도록 주의해야 한다. 항상 최악의 상황을 상정하고 살아날 길이 있는가를 모색해 대비해놓으면 최악의 상황이 와도 감당할 수 있다. 대한민국이 바뀔 때까지 젊은이는 욕망에 빠져 시대착오적인 호연지기를 발휘하지 말고 부지런히 점증적인 발전을 꿈꾸어야 한다. 인공지능의 시대에 우리에게 쓰나미처럼 닥칠 변화의 파도를 생각하면 손실 최소화가 얼마나 중요한지 모른다. 만약 삶에서 이익 극대화를 추구한다면 간절히 소망하는 대신 이익을 극대화할 수 있도록 용기를 갖고 간절히 노력해야 한다. 그럴 자신이 없다면 손실 최소화가 이익 극대화보다 낫다. 나는 이익 극대화가 적합한 사람일까 손실 최소화가 적합한 사람일까? 내가 처한 환경은 이익 극대화가 적합할까 손실 최소화가 적합할까?

## 생존에 대해서만 다양하고 삶의 일상은 가지치기를 하자

미국에서 실시한 한 조사를 보면 대부분의 사람들은 소유하고 있는 옷을 모두 다 입지 않는다고 한다. 몇 가지 옷만 집중적으로 입고 나머지는 장롱에 처박아둔다. 우리나라의 경우도 마찬가지 아닐까? 나도 옷장을 정리하니 대부분 안 입는 옷이었다. 홈쇼핑을 보면 꼭 사야 할 것 같은 생각이 들듯이 책상 위에 놓인 수많은 물건도 하나하나 살펴보면 모두 필요하다. 그렇지만 없어도 크게 문제되지 않는다. 어느 날 나는 신용카드가 너무 많다는 사실을 깨닫고 단순 소박한 삶을 살기 위해 정리를 시도했다. 그러나 생각보다 쉽지 않아 실패했다. 학교 출입증을 겸하는 신용카드가 있고, 은행 계좌에서 입출금할 때 사용하는 카드에 신용카드 기능이 추가된 것이 있어 이런저런 이유로 아직도 신용카드가 여러 개다. 물론 하나로 통일할 수도 있지만 그게 쉽지 않다 보니 현대인의 삶이 복잡해질 수밖에 없다.

인공지능, 로봇, 뉴노멀 시대는 복잡성과 급변으로 점철된 불확실성의 시대이므로 다양한 대안을 준비하는 게 삶에서 매우 중요하다. 어떤 상황이 닥쳐도 대응할 수 있는 유연성과 다양성이 생존 비결이다. 그러나 생존, 곧 직업을 통한 돈벌이 그리고 생명 유지와 직결되는 일이 아닌 일상적인 영역에 이르기까지 다양한 대안을 준비하다 보면 감당할 수 없게 된다. 직장이나 진로와 관련된 대안은 생존의 핵심이지만 다양한 옷과 다양한 신용카드는 생존의 핵심이라고 보기 어렵다. 이런 부분에까지 다양한 대안을 마련하다간 정작 중요한 일을 놓치고 만다.

앞으로 우리에게 닥칠 세상은 과거의 비정상이 정상이 되고 불확실성의 소용돌이 속에서 젊은 나이에 직장에서 쫓겨나와 길거리에 주저앉을 위험이 있는 세상이다. 생존 수단과 관련해 다양한 카드를 준비하려면 생존 수단에 집중할 수 있도록 삶을 단순 소박하게 정리해야 한다. 세상은 가난하고 힘없는 사람을 결코 돌봐주지 않기에 스스로 최악의 상황을 헤쳐나갈 수 있는 자세를 갖춰야 한다. 미래에 노동의 종말이 오고 복지 혜택으로 살아가는 사람이 늘어나면 가짜 일이 만들어질 거라는 예측이 나온다. 일 없이 돈만 주는 것도 문제이고 일하지 않으면 인간이 우울증과 무기력에 빠질 위험 또한 있어 가짜 일이라도 정부가 만들어야 한다는 의미이다. 인공지능과 로봇이 할 수 있는 일임에도 사람에게 시키고 복지 혜택을 제공하는데, 가짜 일이란 바로 이런 경우를 말한다. 그나마 나라에서 가짜 일이라도 만들어 복지를 제공한다면 다행일 것이다. 상당수의 국가에서는 국민 대다수가 고통 속에서 스스로 살아남기 위해 몸부림쳐야 한다.

먹이사슬의 맨 꼭대기에서 동물의 왕국을 지배하는 사자도 사냥을 할 땐 혼신의 힘을 다해야 한다. 비가 오지 않는 건기는 사냥하기 불리한 시기이기에 건기에 태어나는 어린 사자는 거의 절반이 죽음을 맞이한다. 사자가 사냥한 먹이를 하이에나에게 뺏기는 일도 흔하고 사냥하다가 코뿔소의 뿔에 치여 죽기도 한다. 만물의 영장이라는 인간도 이제 사자처럼 먹고사는 일이 참으로 힘든 세상에 살게 된다. 인공지능과 로봇에 의해 만물의 영장이라는 지위를 위협받는 인간의 처지가 생각보다 쉽지 않은 삶을 사는 사자의 처지와 비슷하게 느껴진다. 생존이 쉽지 않으니 마치 사자가 혼신의 힘을 기울여 사냥에 몰두하듯이 우리도 모든 힘과 노력을 생존에 집중해야 한다. 오래전부터 한국의 대학생은 재학 시절 내내 그저 취업에만 매달리고 있는데 벌써 이런 현상이 시작된 증거다.

　　외국에서 손님이 오면 항상 영어를 제일 잘하는 직원을 부르지 두 번째로 잘하는 직원을 부르지 않는다. 어떤 경우에는 2등, 3등도 살아남긴 하지만 1등에 비해 얻는 것은 매우 적다. 시장에서도 우수 기업 몇 개만 생존하고 나머지는 소비자의 외면을 받는다. 성과와 경쟁을 중요시하는 시대에는 한두 가지에 집중하는 초점 전략을 사용하듯이 우리는 생존에만 전념할 수밖에 없다. 우리는 생존의 핵심 영역에서만 다양한 대안을 준비하고 나머지 영역은 마치 정원수를 가지치기하듯 쳐내야 한다. 단순 소박하게 살지 않으면 바람이 불어도 바람 부는 대로 살 수 없다. 삶이 너무 복잡해서 어디로 가야 할지 알 수가 없기 때문이다. 잔가지를 쳐낸 단순한 삶, 터무니없는 꿈에서 벗어난 소박한 삶에 바람이 불어올 때 우리는 어디로 가야 하는지 정확하게 알 수 있다.

　　학자에게는 책이 늘어나는 게 즐거움이지만 골치 아픈 일이기도 하다. 벽을 가득 채운 책장이 부족해서 이중 책장을 따로 제작하는 교수도 있다. 나는 쌓여만 가는 책을 감당하기 힘들어서 정말 필요한 책만 남기고 다른 책은 모두 고려대학교 도서관에 기증했다. 옷장에 쌓아놓고 막상 입는 옷은 몇 벌밖에 안 되듯이 내가 자주 보는 책은 한정되어 있었고 나머지는 몇 년에 한 번, 아니 다시는 보지 않을 책이었다. 책을 기증하고 난 후 빈 책장을 처분하니 연구실이 비로소 비움과 채움의 조화를 유지할 수 있었다. 책을 기증한 뒤에도 몇 년이면 다시 책이 늘어나서 몇 번에 걸쳐 도서관에 기증해야 했다.

인간은 극단에 치우치기 쉽다. 10년 전 자신이 저지른 부끄러운 일을 지금도 생생하게 기억하고 가끔 힘들어하는데 막상 현장에 같이 있었던 친구는 기억도 못 하고 "너는 아직도 그걸 기억하고 있어?"라고 반문한다. 남들은 나의 실수를 1분 이상 생각하지 않고 잊어버리는데 나는 평생 기억한다. 우리는 남의 기준에 맞춰 살려고 눈치를 보면서도 막상 나의 실수는 남들처럼 잊지 않고 혼자 끙끙 앓고 힘들어한다. 남이 나에게 무관심하듯 쓸데없는 부끄러움이나 아쉬움을 가지치기하면 삶이 단순 소박해진다. 지금 나의 삶을 면밀히 살펴보고 효율적으로 에너지를 사용하고 있는지 점검해보자. 이것이 불안, 불만, 불확실의 3불 시대를 준비하는 또 하나의 작은 발걸음이 될 것이다.

## 인생은 합리적 선택이 아니라 후회할 수밖에 없는 결단이다

한 여학생이 찾아와서 고민을 토로했다. 그 학생은 대학원 석사 과정에 재학 중이었는데 독일 유학과 국내 대학원 진학을 놓고 고민하고 있었다. 거액의 학비가 필요한 미국 박사 과정 진학은 불가능해 보였다. 게다가 당시는 2008년 발 경제 위기가 발생한 직후였고, 미국 대학은 장학금 지원을 기대하기 어려운 데다, 취업이 안 된 미국 학부 졸업생이 대학원으로 대거 몰리는 바람에 입학허가서조차 받기 어려운 상황이었다. 독일은 학비가 거의 없고 생활비가 싸며 국가 의료 혜택이 좋기 때문에 한국에서 대학원 다니는 것보다 비용이 더 적게 들어서 한 달 생활비 100만 원 정도면 해결이 가능했다. 그러나 독일에서 학위를 마치면 고생한 것에 비해 취업 전망이 안 좋을 수도 있다. 한국은 미국 박사학위 취득자를 더 선호하고 유럽이나 기타 국가에서 박사를 마치면 직장 구하기가 쉽지 않다. 게다가 세계 학문의 중심지는 이미 미국으로 옮겨간 지 한참 되었기 때문에 특수한 분야가 아니라면 미국이 유리하다. 영어 하나 반듯하게 하기 어려운데 다시 독일어를 배운다는 것 또한 쉽지 않은 일이다.

그 학생은 이 두 가지 대안을 놓고 고민했다. 나는 결단하라고 권했다. 그 학생은 이 두 가지 대안만 놓고 고민했지만 실은 여러 가지 다른 대안도 존재한다. 유학을 포기하고 국내 대학원에서 박사를 하거나 석사를 마치고 취업할 수도 있다. 연구원, 공기업, 회사, 금융기관, 정부 부처, 공공기관 등 취업할 수 있는 곳도 다양하다. 그 학생에게는 사실 수많은 대안이 존재했다. 얼핏 생각해봐도 대안이 열 개는 된다. 그 학생은 어떤 대안이 좋을지 판단할 수 있을까? 대안을 평가하려면 각각의 대안이 갖는 장점과 단점을 비교해야 한다. 그런데 과연 우리가 열 개나 되는 대안의 장단점을 파악할 수 있을까? 각 대안이 갖는 장단점을 계산하려면 미래에 어떤 일이 일어날지 모두 예측해야 한다. 그 학생 대신 정보를 수집하고 객관적으로 평가해서 최적의 대안을 선정해줄 전문가는 존재하지 않는다. 설령 전문가가 있다 하더라도 최적의 대안을 평가하는 것은 사실상 불가능하다. 인생에는 이런 종류의 의사결정이 많다. 그중 가장 대표적인 것이 직업과 전공 그리고 배우자를 선택하는 일이다.

미래에는 워낙 많은 변수가 얽혀 있기에 우리가 아무리 계산해봐야 세상은 계산대로 흘러가지 않는다. 공무원이나 봉급생활자는 비교적 업무가 단순하므로 사업가, 프리랜서, 연예인에 비해 미래를 예측하는 빈도가 훨씬 적다. 미래가 불안으로 가득 찬 사람에게 학문이 해답을 제공하지 못하면 저절로 점, 사주, 관상 같은 역술에 끌린다. 삶이 불확실성으로 가득 차 있으면 우리가 파악하지 못하는 영역은 모두 행운으로 이해될 수밖에 없다. 경영학자가 사업에 관해 예측하지 못할 때 역술인이 툭툭 던지는 예측이 더 맞는 것처럼 보이지만 알고 보면 그렇지도 않다. 경영학자가 역술인처럼 예측하면 그들보다 더 나을 수 있다. 하지만 경영학자는 예측이 어려워 포기하거나 종종 오류를 범하고, 역술인은 종종 오류를 범하더라도 과감하게 예측하니 맞힐 뿐이다. "어차피 사업이 성공한다 실패한다는 50 대 50"이라는 농담이 있다. 예측을 포기한 경영학자는 한 번도 맞힐 수 없지만 항상 미래를 예측하는 역술인은 그중 절반만 맞혀도 사업가는 역술인을 더 신뢰한다.

사람들은 이것저것 잘 따져보고 계산하면 합리적으로 선택할 수 있다고 착각해 끊임없이 계산기를 두드려댄다.

하지만 그 계산이 올바른지도 알 수 없고 인간에게는 합리적으로 계산하고 선택할 수 있는 능력도 없다. 따라서 잔머리 잘 굴리는 사람이 꼭 결정을 잘하는 건 아니다. 인생에서 내리는 수많은 선택은 관련 자료와 정보가 불충분한 상태에서 이루어진다. 애써 수집한 자료와 정보를 잘 계산해서 합리적으로 이용하기도 쉽지 않다. 행동경제학과 뇌 과학이 진행한 연구는 인간이 의사결정 시 얼마나 비합리적이고 비이성적인지 증명한다. 사람은 자기가 한 계산이 맞다고 생각하고 계산에 따라 합리적으로 선택한다고 착각할 뿐이다. 어쩌면 요리조리 따져보고 손해 보지 않았다고 흐뭇해하는 사람도 실은 매우 감정적으로 편견에 사로잡혀 어리석은 선택을 했는지 모른다. 말하자면 인간은 이익을 추구하지만 사실 자신에게 이익인 대안을 선택할 능력이 없다고 봐야 한다.

　　스스로 현명하게 선택했다고 흐뭇해하는 사람보다 무엇이 더 좋은 대안인지 알기 어렵다고 고민하는 사람이 훨씬 더 현명해 보인다. 고민이 깊어지면 자칫 어처구니없는 것에 근거해 결정을 내릴 수도 있다. 사업을 할까 말까 고민에 고민을 거듭하던 사람이 있었다. 어느 날 건널목에서 신호가 바뀌기를 기다리는데 번뜩 재미난 생각이 들었다. 만약 신호등이 바뀌기 전에 차가 세 대 이상 지나가면 사업을 하겠다고 결심한 것이다. 그런데 실제로 차가 세 대 이상 지나 갔고 그 길로 사업을 시작했다고 한다.

인공지능, 로봇, 뉴노멀 시대는 불확실성의 시대이 다. 무엇도 확신할 수 없다고 되는 대로 선택하거나 역술인 이 말하는 대로 선택하면 일시적으로 한두 번은 재미를 볼지 몰라도 지속 가능한 성공을 거두기는 어렵다. 우리는 모르 는 상태에서 최선을 다해 결단을 내릴 수밖에 없다. 어차피 우리는 어떤 결정을 내려도 후회한다. 자신이 선택하지 않은 대안과 자신이 선택한 대안을 비교하면 후회가 많을 수밖에 없다. 가지 않은 길에 미련이 더 많이 남고 그곳엔 비현실적 인 장밋빛 꿈이 가득하다.

결단을 내릴 땐 너무 계산하려 하지 말고, 계산을 안 해 바보처럼 속아 넘어가지도 말고 있는 그대로 현실을 바라 봐야 한다. 낙관도 비관도, 긍정도 부정도 하지 말고 있는 그 대로 보자. 담담하게 물 흐르듯 최선을 다해 의사결정을 하 자. 이때 인간의 직관이 중요한 역할을 한다. 비록 말로 표현 할 순 없지만 오랜 경험과 경륜 그리고 그동안 쌓아온 지식 과 정립된 철학이 작동해 어떤 결론을 도출하는 것이 직관이 다. 공부하고 다양한 체험을 쌓고 균형 감각을 가지려고 노 력하면 직관이라는 결과물로 나타난다. 바람 부는 대로 낙엽 지는 대로 살아가는 사람이란 사실 좋은 직관의 인도를 받아 결단하는 사람이다.

얼마 전부터 시작된 4차 산업혁명은 우리 주변에서 서서히 변화를 일으키고 있다. 예전에 좋은 직업이라 칭송받았던 의사, 변호사, 교수 등이 모두 인공지능에게 위협받는다는 어두운 예측이 난무한다. 미래에 직업을 선택할 땐 정말 알 수 없는 채로 결단을 내릴 수밖에 없다. 과거에는 한국 사람만이 경쟁 상대였는데 이제는 외국에 있는 노동자와 공장에서 출시를 기다리고 있는 로봇도 경쟁 상대이다. 따라서 삶과 의사결정이 상상할 수 없을 만큼 복잡해질 것이고, 그저 잘 모른 채로 결단을 내리는 일도 점점 증가할 것이다. 이제는 주어진 상황에서 좋은 직관의 인도를 받아가며 결단을 내릴 수밖에 없다. 그리고 결단을 내리는 것보다 그 이후에 얼마나 잘하는가가 더 중요하다. 알리바바의 마윈과 소프트뱅크의 손정의가 함께 내린 결론은 "1류 의사결정, 2류 집행보다 2류 의사결정, 1류 집행이 더 좋다"는 것이다. 어차피 잘한 결단인지 잘못한 결단인지 알 수 없으니 결단했다면 잘 집행하도록 노력하자.

## 삶도 건강도 외모도 끝이 좋아야 다 좋다

10킬로미터를 산책할 때 처음 5킬로미터는 덥고 모기가 물고 먼지가 나는 길이었고 후반부 5킬로미터는 시원하고 모기도 없고 상쾌한 공기를 마실 수 있는 길이었다고 하자. 반대로 처음 5킬로미터는 시원하고 모기도 없고 상쾌한 공기를 마실 수 있는 길이었고 후반부 5킬로미터는 덥고 모기가 물고 먼지가 나는 길이었다고 하자. 둘 다 절반은 힘들고 절반은 즐거운 산책이었지만 사람들의 반응은 달랐다. 실험에 의하면 처음에 힘들었으나 나중에 좋은 경험을 한 사람의 만족도가 훨씬 높았다고 한다. 인생이 처음부터 끝까지 항상 좋기만 하면 더 바랄 나위가 없지만 그렇지 못하다면 인생 후반부가 더 좋아야 한다. 셰익스피어의 희곡 중에 〈끝이 좋으면 다 좋아〉라는 작품이 있다. 인생도 마찬가지다. 아무리 젊은 시절에 떵떵거리고 살았어도 인생의 후반부가 힘들면 말짱 소용없다. 인간에게는 가장 최근 기억과 경험이 더 중요하다. 젊어서 고생은 사서도 한다지만 나이 들어서 고생하면 비참한 노후를 보내게 된다. 조금씩 좋아지지 않는다면 50대 이후는 어떤 삶을 살게 될지 두려워해야 한다.

운이 아주 좋거나 금수저를 물고 태어나지 않는 한 젊은 시절은 고통, 긴장, 스트레스의 연속일 수밖에 없다. 만약 젊은 지금의 삶이 힘들다면 큰 방향과 흐름에서 오류가 없는지 살펴볼 일이다. 큰 방향과 흐름이 바르게 잡혔다면 고통, 긴장, 스트레스는 인생 후반부를 편하게 보내기 위한 준비가 치열하게 진행되고 있다는 증거, 많은 즐거움을 후반부로 몰고 있다는 증거이다. 지금 누릴 수 없다고 너무 실망하지 말고 기다림을 즐겨보도록 하자. OECD 국가 중 노인 빈곤율이 최악인 나라가 한국이다. 그뿐인가. 노인의 자살률도 OECD 국가 중 1위이다. 노인이 되면 몇 살까지 사는가가 중요하지만 병원 침대에 누워서 보내는 기간이 얼마나 짧은가도 중요하다. 한국은 죽기 전에 아픈 기간이 가장 긴 나라다. 어쩌면 젊은 시절을 너무 힘들게 살다 보니 노후에 침대에 누워서 보내는 기간이 유난히 긴지 모른다. 아니면 한국 병원의 의료 수준이 높아서 어떻게든 살려내는 것인지도 모른다. 노인의 우울증은 겉으로 드러나지 않을 뿐 굉장히 큰 비율을 차지한다. 한국 사람은 인생 후반부가 힘든 삶, 끝이 좋지 않은 우울한 삶을 살고 있다. 그러니 젊은이가 노인을 보며 무슨 희망을 갖겠는가?

미국에서 10년을 살다 귀국하니 예전에 TV에서 보았던 여배우, 가수 등 연예인이 10년씩 늙어 있었다. 젊었을 때는 모두 미남 미녀였는데 10년 동안 잘 늙은 사람이 있는가 하면 보기 싫게 늙은 사람도 있었다. 주변의 친척, 친구, 아는 사람들도 모두 10년씩 늙어 있었다. 20대에서 30대가 된 경우엔 크게 달라지지 않았지만 50대에서 60대가 된 경우는 많이 달라져 있었다. 어떻게 하면 잘 늙을 수 있을까? 뇌의 50퍼센트가 시각정보 처리에 관련되어 있기 때문인지 인간은 이미지에 좌우된다. 따라서 잘생긴 사람은 이익을 보고 못생긴 사람은 손해를 본다. 링컨 대통령은 "나이가 40이 넘으면 자기 얼굴에 책임을 져야 한다"고 말했다. 꼭 미남 미녀를 가리키는 것은 아니다. 외모지상주의가 판치는 세상에서 미남 미녀로 태어나지 않았다면 잘 늙어볼 일이다. 우리 모두 외모지상주의가 문제라고 생각하지만 외모의 영향에서 벗어날 수 있는 사람은 거의 없다. 비록 미남 미녀로 태어나지 않았다 하더라도 좋은 이미지를 유지하며 잘 늙어간다면 인생의 끝이 좋아질 수 있다.

젊었을 때는 참 인물이 별로라고 생각했는데 나이 들면서 좋아지는 사람이 있다. 나는 과거에 고상한 생활, 깨끗한 생활, 모범적인 생활을 해야 잘 늙는다고 생각했다. 하지만 꼭 그런 것만은 아닌 듯하다. 젊었을 때 잘생겼다는 말을 많이 들었는데 나이가 들면서 눈빛이 불안정하고 탐욕에 사로잡힌 얼굴로 변하는 사람도 있다. 이 경우를 보면 모범적으로 살아야 한다고 착각하기 쉬운데 모범적으로 살지 않아도 잘 늙는 사람이 있다. 물론 건강을 해칠 정도의 생활 습관을 갖고 있거나 욕심이 많으면 잘 늙기는 어렵겠지만 꼭 윤리적으로 살아야만 잘 늙는다고 생각되지는 않는다.

요즘 내 관심사는 어떻게 하면 잘 늙을까이다. 나는 젊은이를 보며 젊음이라는 아름다움에 버금가게 잘 늙으라고 마음속으로 축복해준다. 한 가지 내가 최근에 발견한 사실은 개똥철학일망정 철학이 확고하게 정립된 삶을 살면 윤리적으로 모범적인 삶을 살지 않아도 멋지게 늙는다는 것이다. 사실 모범이라는 기준은 주관적이고 문화 요인이 작용하는 것이다. 한 나라에서는 모범적이지 않은 행동이 다른 나라에서는 모범적인 행동이 되기도 하며 사람마다 모범에 대한 기준도 다르다. 다른 사람이 보기에 모범적이지 않더라도 자기 철학이 확고하게 정립돼 있어 사람들에게 당당하게 자신의 행동을 설명할 수 있다면 이미 스스로에게 모범적이므로 보기 좋게 늙어갈 수 있다. 똑같은 행동을 하면서도 어떤 사람은 남의 눈치를 보며 움츠러들지만 철학이 있는 사람은 당당하고 평온하다.

마음이 요동치면 잘 늙기 어려운 것 같다. 마음에 평온이 있다면 강하다는 의미이다. 세상의 험한 파도에 시달리다 보면 약한 사람의 마음, 말, 행동은 심하게 요동치고 그런 상태에서 늙어가게 된다. 철학이 중심을 잘 잡아주어야 진정으로 강한 사람이 된다. 주먹질 잘하고 힘센 사람은 평온하기는커녕 오히려 마음이 소용돌이치며 언제 튈지 모르는 럭비공처럼 옆 사람까지 불안하게 만든다. 이런 사람은 결코 잘 늙어갈 수 없다. 미남 미녀로 태어나지 않았어도 잘 늙어갈 수 있으니 여기에 인생의 묘미가 있다. 끝이 좋아야 다 좋다면 외모의 측면에서 잘 늙어가는 것도 끝이 좋은 것 아닐까?

4차 산업혁명 시대는 인공지능을 연구방법론으로 도입한 생명공학이 100세 시대를 넘어 영생을 넘보는 시대다. 앞으로는 100세가 넘었을 때 어떤 모습을 하는가가 이미지에 좌우되는 인간 세상에서 삶의 질을 좌우할 것이다. 미남 미녀로 태어났지만 인생 후반부를 추하게 늙은 모습으로 살아간다는 것은 사실 알고 보면 엄청 슬픈 일이다. 잘 늙어간다면 100세 시대에는 50년, 120세 시대에는 70년을 멋지게 살 수 있다.

4차 산업혁명 시대에는 장기 복제와 유전자 편집 기술 등으로 생명이 획기적으로 연장되기 때문에 역사상 등장한 적이 없었던 새로운 유형의 노인이 등장할 것이다. 과거에는 당연히 죽었을 사람이 의학이 발달해 오래 살아남는다면 자칫 긍정적인 측면보다 부정적인 측면이 부각될 수 있다. 뇌 기능이 손상되어 고집은 더 세지고 자기중심적이며 어리석은 노인이 대거 등장할 수 있다. 나이가 들수록 지혜롭고 이해심이 깊어지는 현자의 모습은 어쩌면 과거의 추억이 될 위험이 다분하다. 과거에는 은퇴하면 곧 세상을 떠났지만 이제는 살아온 만큼 더 사는 시대가 되어 은퇴 이후의 시기가 엄청 길어졌다. 게다가 인공지능과 로봇의 발달로 일찍 실직하고 복지 혜택으로 살아가는 사람이 증가할 것이기에 인생 후반부가 지금보다 더 녹록지 않을 것이다. 4차 산업혁명 시대에는 삶의 후반부를 더욱더 잘 보내야 개인도 행복하고 사회에도 부담이 되지 않을 것이다. 끝이 좋아야 다 좋다.

## 인생이란 모순과 딜레마의 관리다

"경영학이란 모순의 관리"라는 글을 읽고 참으로 맞구나 생각했다. 요즘은 우리의 인생도 모순의 관리가 아닐까 하는 생각이 든다. 만약 자신의 삶이 아무런 모순도 없고 일관성과 합리성으로 빛난다면 자랑할 게 아니라 의문을 가질 일이다. 인간은 모순, 역설, 딜레마, 기만, 혼돈, 모호함이 넘치는 존재이므로 인생이란 모순, 역설, 딜레마, 기만, 혼돈, 모호함의 관리일 수밖에 없다. 진화생물학자인 로버트 트리버스는 진화 과정에서 인간이 남을 속이는 '기만Deceit'과 자신을 속이는 '자기기만Self-Deception'을 사용한다고 주장한다. 남을 속이는 이유는 생존 투쟁 시 남보다 이익을 얻기 위함이다. 자기까지 속이는 '자기기만'은 남을 성공적으로 속이기 위한 전략이다. 자기기만에 이를 정도가 되어야 남을 해치기 위해 어떤 짓이든 자신 있게 저지를 것이다. 생존 경쟁을 하기 위해 기만과 자기기만이 협력하는 셈이다. 자신까지 속이는 줄 모르고 사는 인간과 불공정, 불합리, 불의로 점철된 세상은 모순과 기만투성이일 수밖에 없다.

　　　인생에서 모순은 악어의 눈물 같은 사례에서 두드러진다. 자기가 잡아먹는 먹이가 불쌍해서 눈물을 흘린다는 악어의 눈물 말이다. 일요일에 교회에 가서 도둑질한 돈으로 듬뿍 헌금하는 사람을 이해하지 못한다면 삶의 모순도 이해하지 못한다. 결혼할 생각도 사귈 생각도 심지어 데이트할 생각도 없으면서 친분 있는 남자에게 애인이 생겼다고 둘 사이를 훼방 놓는 여자의 행동을 나는 충분히 이해할 수 있다. 다른 형제 몰래 부모에게 많은 재산을 받고도 형제들 앞에서 자신은 재산을 못 받았다고 연기를 하다가 저절로 슬퍼져서 눈물을 흘리는 사람도 나는 충분히 이해할 수 있다.

　　　황희 정승에게 A라는 사람이 와서 B를 흉보자 황희 정승이 A의 말이 맞다고 말했다. 조금 있다가 B가 와서 A를 흉보자 이번에는 B의 말이 맞다고 말했다. 이 모든 과정을 지켜본 조카가 황희 정승에게 어찌 그렇게 말씀하시냐고 따지자 "자네 말도 맞다"고 말했다. 황희 정승은 모순되는 말을 했지만 우리는 그의 말에서 삶의 지혜를 느낀다. 행복은 추구하려 할수록 멀어지지만 행복에 관해 생각도 안 해본 사람이 결코 행복할 수 없는 것도 모순이다. 욕망에 삶을 맞추어도 후회하고 삶에 욕망을 맞추어도 후회한다. 우리는 스님이 좋은 자동차를 타고, 좋은 집에 살고, 좋은 옷을 입고, 좋은 음식을 먹으면 존경하지 않고 우리보다 더 가난하고 못 먹고 못 입을 때 비로소 존경한다. 우리는 금지된 것을 소망하는 한편 우리에게 허용된 것을 스스로 금하는 사람을 존경한다. 인간은 영원히 행복할 수 없음에도 행복을 추구할 수밖에 없다는 것 또한 모순이다.

완벽한 인생은 없다. 만약 완벽을 추구한다면 어리석은 짓이다. 완벽한 인생을 살기란 불가능할뿐더러 무엇이 완벽인가도 알 수 없기 때문에 삶에서 완벽을 추구해선 안 된다. 책을 읽을 때 모든 내용을 나 이해한 뒤 다음 페이지로 넘어가려 하면 영원히 책을 다 읽을 수 없다. 이해가 안 되는 부분이 있어도 다음으로 넘어가다 보면 앞에서 이해되지 않았던 부분이 나중에 이해되기도 한다. 모르는 부분을 그냥 놔둔 채 다음 페이지로 넘어가면 꺼림칙하긴 하지만 나중에 더욱 잘 이해할 수 있다. 공부를 잘하려면 완벽주의에서 벗어나 때로는 과감하게 진도를 나가야 한다.

인간의 몸과 마음은 그 자체로 모순이다. 마음이 행동에 영향을 미치지만 행동이 마음에 영향을 미치기도 한다.

나쁜 마음을 갖기 때문에 나쁜 행동을 하지만 나쁜 행동을 하기 때문에 마음이 나빠지기도 한다. 자신감을 갖고 싶다면 어떻게 해야 할까? 칭찬과 격려는 마음을 통해 행동을 바꾸는 방법이다. 거꾸로 해보면 어떨까? 행동을 통해 자신감을 갖는 방법도 있다. 한 연구에 따르면 양팔을 벌리고 가슴을 활짝 편 자세를 2분간 지속하면 자신감에 영향을 미치는 호르몬인 테스토스테론이 약 20퍼센트 증가하고, 스트레스를 유발하는 호르몬인 코르티솔이 25퍼센트가량 감소한다.

수전노로 유명한 한 기업인은 자신을 도와준 사람에게 짜장면을 대접할 정도로 지독하게 인색하다. 그는 가난하던 시절 남에게 점심을 사주기 싫어서 한 시에 혼자 점심을 먹는다는 소문이 돌 만큼 인색한 사람이었다. 이것만 보면 1원을 아끼기 위해 무슨 일이든 할 것 같지만 꼭 그렇지만도 않다. 몇천만 원이면 종업원과의 사이에서 일어난 갈등을 해결할 수 있었는데 수억 원을 쓰면서도 끝내 타협하지 않았다. 오기가 등등해서 한 푼도 주지 않겠다고 성깔을 부리는 그에게 돈은 아무것도 아니었다. 마치 돈에 초월한 사람 같은 그의 모순된 행동이 나는 전혀 이상하게 느껴지지 않는다.

삶에는 추구하는 목표가 있어야 하지만 목표가 있으면 오히려 행복에 방해가 된다는 사실 역시 모순이다. 사랑을 하면 허무하지만 그래도 본능처럼 죽는 날까지 사랑을 갈구하는 것도 인간의 모순이다. 세상이 건강하지 않으면 세상에 의해 우리가 병들지만 우리가 병들어 있기 때문에 세상이 건강하지 않다. 따라서 세상을 먼저 고쳐야 한다는 말도 잘못이고, 나부터 바뀌어야 한다는 말도 잘못이며, 세상과 내가 동시에 바뀌어야 한다는 말도 알고 보면 모순이다.

잘 설명할 수는 없지만 왠지 강한 확신이 들면 직관이라고 한다. 합리성, 도덕성, 규범, 일관성 등에 사로잡히면 모순을 관리하기 어렵다. 내가 어떤 사람이고 어떻게 살았는가에 따라 내 직관의 수준이 결정된다. 삶이 복잡할수록 모순을 관리하기는 더욱 어려워지니 삶을 단순 소박하게 가지치기해야 한다. 모순이라는 상반된 힘 사이에서 균형을 잡으려면 큰 방향과 흐름을 알아야 하고 욕망에 기초한 가치와 의미를 정립해야 한다. 무엇보다도 모순을 관리하는 데 가장 필요한 것은 사물과 현상을 있는 그대로 보는 일이다. 인공지능과 로봇은 초기에는 인간에 의해 학습하겠지만 나중에는 스스로 학습할 것이다. 학습을 하며 이 지구상에서 가장 모순덩어리인 인간을 닮아갈수록 세상의 모순은 더욱 심해진다. 우리는 이제 인간과 인간 사이, 인간과 기계 사이, 기계와 기계 사이의 모순을 해결하기 위해 더욱 힘든 삶을 살아야 할 것이다.

기존의 방법으로 문제를 해결할 수 없을 때 혹은 이렇게 하면 이것이 걸리고 저렇게 하면 저것이 걸릴 때 우리는 딜레마에 빠졌다고 한다. 세상의 모순은 딜레마와 매우 밀접한 관련을 맺고 있으며 이 둘은 마치 쌍둥이처럼 함께 가는 경우가 많다. 모순과 딜레마를 해결하기 위해 인간은 여러 가지 방안을 강구하는데 윤리와 법이 대표적인 수단이다. 윤리와 법이 미치지 못하는 곳에서는 공동체의 규율이 작동되어야 한다. 공동체가 붕괴된 요즘 공동체 복원이 자주 거론되는 이유가 바로 공동체가 우리에게 미치는 긍정적인 효과 때문이다. 윤리, 법, 공동체의 규율이 해결하지 못한다면 정치가 나서야 한다. 마지막까지 인공지능에게 맡기기 어려운 영역이 있다면 바로 정치일 것이다. 정치는 인공지능이 발전하면서 우리 사회에 대두될 여러 가지 모순과 딜레마를 조정하고 인간과 기계가 조화롭게 살아갈 수 있도록 해결책을 제시해야 한다.

## 절대 진리란 없다. 모두 맞고 모두 틀리다

　　성철 스님이 한 강연에서 "내 말에 속지 말라"고 말하자 마이크를 들고 있던 KBS 기자가 당황해하며 "사람은 모두 자기 말에 속지 말아야 한다는 의미인가요?"라고 되물었다. 성철 스님은 가슴을 치면서 "내 말 말이여. 내 말하는데 속지 말란 말이여"라고 말한 뒤 "나는 순 거짓말만 하고 사는 사람이니까 내 말에 속지 말라 그 말이여"라고 덧붙이셨다. '사람은 누구나 자기 자신의 말에 속아서는 안 된다'가 아니라 '사람은 성철 스님의 말에 속지 말라'는 말이다. 우리가 이 말을 잘못 해석해서 "성철 스님은 거짓말쟁이"라고 떠들고 다닌다면 코미디가 된다. 성철 스님의 말씀은 이 세상에 절대 진리는 없다는 불교의 선문답이다. 절대 진리가 있으면 모순 없이 살 수 있지만 이 세상에 절대 진리는 없으며, 자연과학에서조차 절대 진리란 없다. 뉴턴의 법칙이 잘 들어맞지 않는다는 사실을 발견하고 아인슈타인이 뉴턴의 법칙을 수정했고 아인슈타인의 오류 역시 후세의 물리학자에 의해 수정되었다. 평행하는 두 직선은 만나지 않는다는 유클리드 기하학은 우주에 가면 더 이상 맞지 않는다. 모든 자연과학의 이론은 확률에 의해 임시로 지탱되는 가설이므로 끊임없이 수정, 보완, 추가된다.

언젠가 라디오에 출연한 어떤 사람이 자기는 불안정하고 미숙했던 젊은 시절로 돌아가고 싶지 않다고 말했다. 대부분은 젊은 시절로 돌아가 인생을 만회하고 싶어 한다. 하지만 과거의 미성숙한 상태로 돌아가 다시 인생을 산다면 지금보다 더 잘 살 수 있을까? 혹시 더 엉망이 되진 않을까? 무엇보다 모두가 동의하는 '좋은 인생'이라는 것이 있을까? 사람은 좋은 인생이라는 절대 기준이 있다고 착각하고 과거로 돌아가 더 좋은 인생을 살고 싶어 한다. 지금 B의 인생을 사는 사람이 A 같은 인생이 좋아 보여서 과거로 돌아가 A의 인생을 산다면 B 같은 인생을 부러워할 수도 있다.

인간은 때로 하느님의 말씀이라며, 부처님의 말씀이라며 절대 진리라는 허구를 상정하고 그것에 집착한다. 과학에서도 절대 진리가 없고 과학철학은 이미 절대 진리란 없다고 밝혔다. 절대 진리란 인간이 만들어낸 상상 속의 창조물

이다. 유발 하라리는 자신의 저서 《호모 데우스》에서 인공
지능이 발달하면서 인간이 신의 영역에 진입할 것이라고 진
단했다. 만약 인공지능이 인간지능을 능가한 뒤에 인간이 절
대 진리라고 상정했던 것을 비판하고 조롱한다면 어떻게 될
까? 이제 절대 진리라는 것은 없다. 모두가 상대적이며 임시
적이다.

　　이 책의 내용은 맞는 말이기도 하고 맞지 않는 말이
기도 하며 맞지 않는 말이 아니기도 하다. 제한적인 조건과
상황 아래에서만 임시적으로 타당할 뿐이며 그것도 확률적
으로 타당하다는 의미일 뿐 절대적인 진리는 아니다. 무릇
세상의 좋은 말은 모두 맞는 말이지만 또 모두 틀린 말이기
도 하다. 이 책의 내용을 한 사 한 자 엄격하게 해석하면 전체
를 잃는다. 책을 읽으면서 논리적으로 분석하고 정리하려 하
지 말고 그냥 받아들였으면 좋겠다. 책을 다 읽고 무언가 떠
오르거나 도움이 되었다면 그것으로 된 것이다. 마치 수많은
지식과 경험을 얻은 뒤에야 말로 설명하기 어려운 직관이 생
기듯이 이 책의 내용도 각자에게 소화되어 말로 설명하기 어
려운 직관으로 나타나기를 소망한다.

　　사랑도 공부하고 연습해야 하듯이 우리의 인생도 공
부와 연습이 필요하다. 남에게 지나치게 높은 윤리 수준을

기대하지 말고 나 역시 감당할 수 있는 윤리만 실천하며 살자. 내가 감당할 수 있는 욕망만 지고 가면서 남을 부러워하지 않는 것이 시장자본주의에서 최고로 중요한 철학이다. 뭘 좋아하는지도 뭘 잘하는지도 뭘 해야 하는지도 모르겠다면 과학과 철학을 공부하며 내 욕망이 속삭이는 소리에 귀를 기울이고 성찰해보자. 바람 부는 대로 낙엽 지는 대로 살아도 큰 방향과 흐름을 타면서 내 욕망이 지시하는 삶의 가치와 의미를 발견할 수 있다. 가치와 의미를 거룩하고 훌륭한 것으로 오해하면 삶은 뒤틀린다. 내가 진짜로 좋아하고 잠이 안 올 정도로 흥분되는 일이라면 그게 무엇이든 가치와 의미가 있는 것이다. 테레사 수녀가 되고 슈바이처가 되어 인류에 봉사해야 가치와 의미가 있다고 오해하지는 말자. 죽음을 앞둔 사람은 거룩하고 훌륭한 일을 못 해서 후회하는 게 아니라 사랑하는 사람과 즐거운 시간을 좀 더 많이 보내지 못한 것을 후회한다. 각자가 즐거운 시간을 보낼 수 있는 일이 가치와 의미가 있는 일이다.

끝이 좋아야 다 좋듯이 인생도 점점 좋아져야 행복했노라 말하면서 삶을 마감할 수 있다. 인생이란 어차피 후회로 가득 차 있지만 후회할 때마다 인간은 자신을 합리화하며 위안한다. 평생 자신을 합리화하며 산다 해도 자신의 잠재의식은 속이지 못하는 경우가 많기에 눈물겨운 자기합리화에도 한계가 있다. 개똥철학이라도 있는 사람은 잠재의식이 개똥철학에 항복하기 때문에 내면에 평온이 있고, 생각과 행동에 거리낌이 없기에 자유가 있다. 인간은 뇌 신경회로와 호르몬에 의해 사고하고 행동하기에 흔들리지 않는 몸과 마음을 얻기 위해 노력할 필요가 있다. 자신만의 방법이 없다면 서구의 리더들이 열광하는 명상을 통해 담담하게 물 흐르듯 최선을 다하는 사람으로 변해보자. 절대 진리가 없는 세상에서 개똥철학과 명상이 나를 잡아주는 역할을 할 것이다.

아무리 힘든 고통이라도 있는 그대로 바라보면 나는 더 이상 고통의 노예가 되지 않는다. 사랑하지도 미워하지도 존중하지도 비하하지도 낙관하지도 비관하지도 긍정하지도 부정하지도 말고 있는 그대로 보는 중도의 길을 가자. 이제 죽는 날까지 사물과 현상을 있는 그대로 보고 내가 감당할 수 있는 욕망에 충실하면서 바람 부는 대로 낙엽 지는 대로 살아보자. 집착이라는 힘을 빼고 감당할 수 있는 욕망만 지고 자연스럽게 사는 것이 중도의 삶이다. 큰 방향과 흐름이 있다면 욕망이 부는 대로 욕망이 지는 대로 살아도 삶의 가치와 의미를 실현할 수 있다. 욕망에 근거한 삶의 가치와 의미는 우리에게 등불이 된다.

인공지능, 로봇, 뉴노멀의 시대는 불안, 불만, 불확실성과 모순, 딜레마, 혼란, 갈등, 고통의 시대이며 무엇보다 인생에 관한 거짓말에 속지 말아야 하는 시대이다. 우리는 인간과 세상을 모를 뿐이고 절대 진리가 없는 세상에서 인생이란 그저 모순의 관리에 불과하다. 세상을 외면하고 내 둥지에 숨으면 세상과 조화를 이룰 수 없고 세상의 불공정과 불합리성이 나의 둥지를 파괴한다. 나와 세상은 상호의존적이기에 나도 변해야 하지만 세상 역시 바뀌어야 진정한 행복을 누릴 수 있다. 항상 최악의 사태에 대비해 대응책을 마련하고 단순 소박한 의사결정과 행동으로 삶을 헤쳐 나가자. 담담하게 물 흐르듯 최선을 다하며 내가 감당할 수 있는 욕망이 부는 대로 지는 대로 가보자.